JN063899

# やさしい日本語の時代に、やさしい介護のことばを

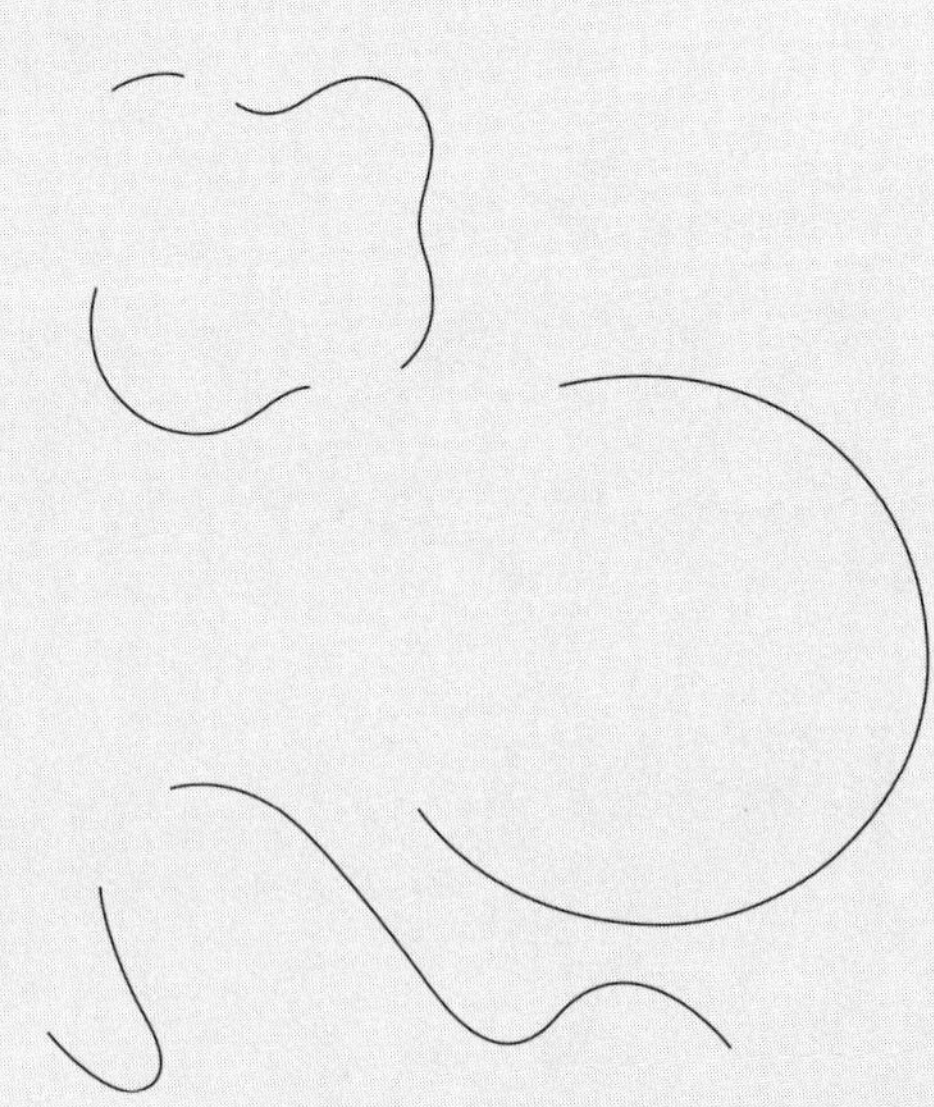

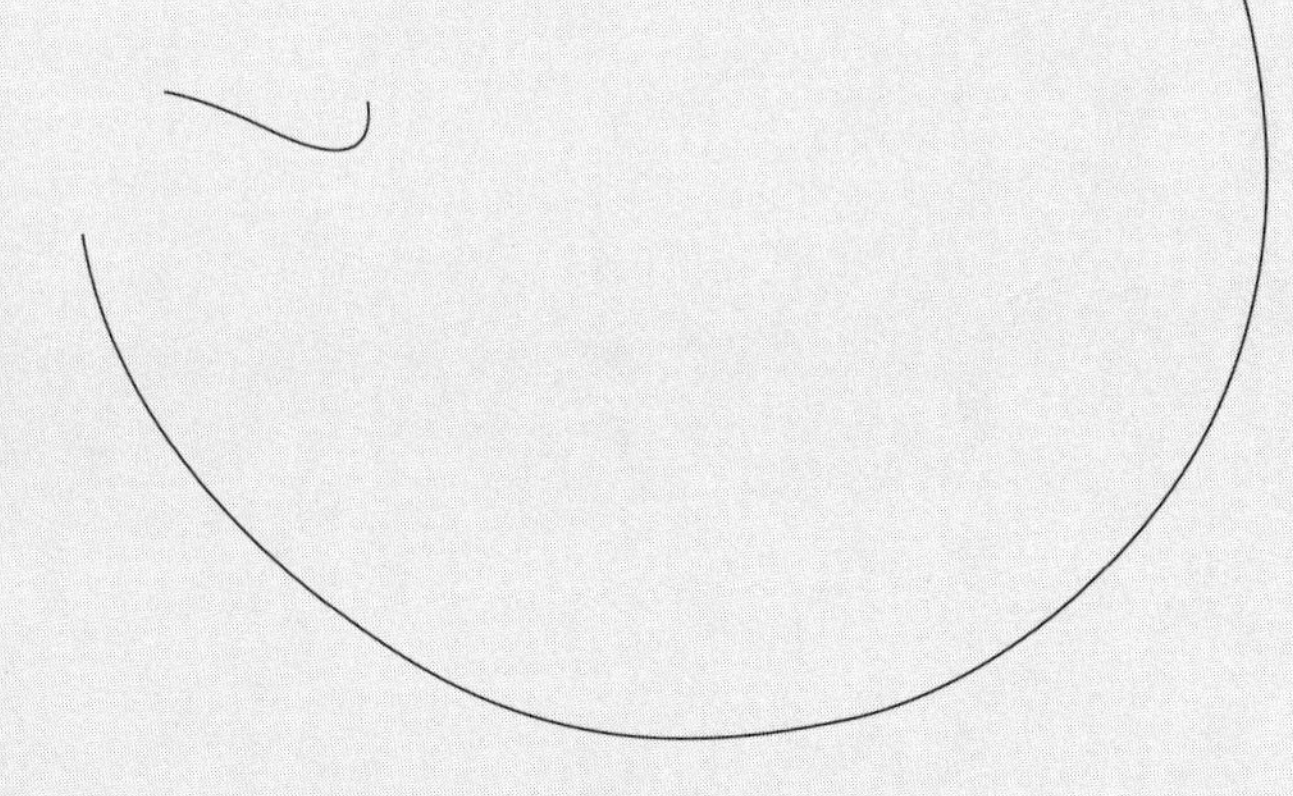

遠藤織枝 著

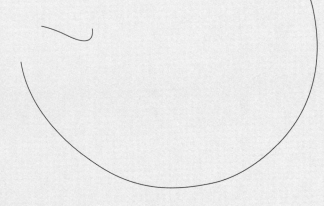

ひつじ書房

# はじめに

日本語教育に長く従事し、長年日本語研究を続けていながら、そして、大介護時代と言われ、自分も近い将来お世話になる分野であると自覚はしていながら、まったく介護のことばの実際を知らなかったのはお恥ずかしい限りでした。

二〇〇八年夏、**EPA**（経済連携協定）の人材育成プロジェクトで海外の看護師・介護福祉士候補者が初めて来日しました。その中の介護福祉士候補者（以下「候補者」とします）たちは、4年間の日本滞在中に介護施設などで3年間研修を受け、国家試験を受けて合格すれば介護福祉士としていつまでも日本で働ける、一方、不合格だと帰国しなければいけないという厳しい条件が課せられていました（二〇一一年、不合格でも一定の条件を満たせば延長できる制度に代わりました。それでも1年です）。

日本語の国家試験に合格するために、いや、その前の3年間の研修のための日本語能力が求められていると知って、日本語教育学会でも看護と介護の日本語教育を研究するワーキンググループを立ち上げました。私はその介護分野の日本語教育をどうするかを検討するグループに入りました。あわてて介護福祉士国家試験の過去問題を手にしました。その時初めて、介護用語がとてもとても難しいことを知りました。それまでの過去問題には、

・貼付剤（血管拡張剤）は毎日同じ部位に貼る。（第22回）
・利用者負担の導入の理由の一つに漏給の防止がある。（第23回）
・大転子部への体圧を軽減するために側臥位とした。（第23回）
・頸部と体幹を十分に前屈してもらう。（第24回）

などなど、専門知識がないせいもありますが、いつもこんなに難しいことばが試験に出るのかと驚きました。

現場のことばも知りたくて、特別養護老人ホームで働く候補者に申し送りのことばを録音してきてもらいました。テープを何度聞き直してもわからないことばが飛び交っていました。

・19ジハンノオムツコウカンニ　フクマンアリマシタ。
・21ジニガショウシマシテ、イゴ、ニュウミンサレテオリマス。
・23ジホウシツシタトコロ、メ、カイガンサレテイマシタ。

介護の場にはこうした特殊な、一般の人が聞いてもわからないことばが使われていることを初めて知りました。

国家試験もむずかしいし、現場のことばもわかりにくい。こうした日本語を、漢字は日本へ来て初めて見たというようなインドネシアやフィリピンの候補者にどうやって指導したらいいのか、どうすれば候補者を合格させられるか、大きな問題でした。日本語を支援する側としては、大変だけど頑張って覚えてね、と言いながら、少しでも漢字や漢語を覚えてもらうようにいろいろな方法を考えて指導支援する一方で、これは一種の人権問題ではないかと悩みました。漢字や専門用語がこれほど難しくなければ、もっと楽に日本語を覚えてもらうことができる、そうすれば、もっとはやく現場のコミュニケーションが取れるようになる、話が通じるようになればもっと仕事が楽にもなるし、楽しくもなる。合格するためだから我慢してねと、おしりを叩いてもっともっとと追い込むのは虐待ではないかとさえ思いました。

日本の介護の人手が足りなくて、日本で働いてみようと遠くから来てくれた人たちにこれでは申し訳ないと思いました。合格してもらうために、何でもかんでも「我慢して」「頑張って」というしかないのか、悩みました。

それにしても、本当に介護のことばは複雑です。語彙自体が難しい漢語が多くて大変です。褥瘡・嚥下・咀嚼・浮腫…と、常用漢字外のことばを使うなどおかまいなしです。利用者に言う時はとこずれ・かむ・のみこむ・むくみ…です。候補者たちはこの専門語と日常語の二つのチャンネルのことばを並行して覚えなければならないのです。漢語だけではありません。朝起きた利用者については、

・バイタル測定、検温6度9分、BP109の68、プルス92、$SPO_2$ 95％です。

とカタカナ語や、略語の多いことばで報告します。カタカナ語や省略語もとても多いのです。

こうした現場のことばの実際を初めて知って、驚き途方にくれましたが、まず、日本語教育の側からは、最低限の日本語は覚えてもらわなければいけないとして、その最低限のことばとしてどんなものがあるのかを知る必要があります。そこで、介護士養成テキストの語彙を調べました。テキストを電子化して介護の場で使われることばを拾い出しました。その中から絞りに絞って必要だが難しいと思われる語を選びだして、やさしく言い換える提案をしました。『やさしく言いかえよう介護のことば』（三省堂）としてまとめました。

そうしましたら、いろいろな方から言われました。介護のことばだけ変えても意味がないのではないか、現場では看護師がいる、看護師は医師の指示を受ける、だから医療全体のことばとして考えなければいけないと。確かにそれはそうです、それで医学用語を調べることにしました。医学の方面を調べているうちに、昭和初期に、国語改革運動がおこり、日本医学会による難解で聞いてもわからない医学用語を整理統一して改訂する動きがあったことを知りました。例えば「褥瘡」を「とこずれ」も認めよう、「噴嚏」を「くしゃみ」と仮名書きしようなどの改訂です。医師たちだって用語の混乱には困っていた、それで整理統一の必要を感じた医師たちが大奮闘をして用語の改訂を行った、その結果、「羸痩」「糜爛」「眩暈」「呑酸嘈囃」のようなものものしい難しい漢語が「やせ」「ただれ」「めまい」「むねやけ」と改訂された、現在私たちが使っている和語のわかりやすいことばはその改訂のおかげであった、ということを知りました。用語は変えられないものではない、やさしく変えた先輩たちがいた、それなら今だって変えることができるかもしれない、と勇気が出ました。やさしい日本語が提唱される現在、医学や介護の用語をやさしくするということがもっとあってもよいと思いました。

ついで、介護学としての成り立ちと用語のあり方を考えてみました。介護学は若い専門分野です。高齢社会を迎えて介護の社会化が進められ、一九八〇年代後半からその学問も始まりました。その基礎になる学問は、医学・看護学・社会福祉学で、介護学の大学の教員も、元医師・元看護師・元保健師などのような人々でした。主として看護学の用語がそのまま介護分野に導入されたとしても不思議ではありません。

そうなると、看護のことばの成り立ちや使われ方を知らなくてはいけなくなります。明治期の看護学の初めのころまでさかのぼる必要が出てきました。日本の看護学の発祥の地、東京慈恵会医科大学を訪ねたり、日本赤十字看護大学の図書館にもお世話になりました。確かに明治の看護婦教育では難しい漢語が使われていました。

顳顬（せつじゅ／こめかみ）　哽噎（かういつ／むせぶ）　嗄嘶（かし／しはがれ）　繃縛（ほうばく）　振盪（しんとう）　攪和（かくくわ）　罨法（あんほう）　齦齦（しぎん）　巓頂（てんてう）

などなど、難しい漢語の氾濫です。そしてまた、

・初（はじめ）のものを嚥下（えんげ／のみくだす）し終りたる後（『普通看病学』p.63）

・上肢（じょうし／て）の一側（そく／かたかは）に疼痛（とうつう／いたみ）ある時は健側（けんそく／たつしやのかは）の上肢のみ高く上げて（同p.50）

など、現在使われている用語もたくさん見られました。ああ、こういうことばが、明治から伝わってきていたのだと納得しました。一四〇年も前に使われていた言葉がそのまま使われていることがわかって、つかえていたものがストンと落ちたような気持ちでした。介護のことばを知るためには、ことばの歴史を知ることも必要なのです。

これは大変です。今の教科書よりはるかに難しいことばがたくさん出ています。当時は常用漢字表などの漢字制限もなくて、学ぶ人の苦労も多かったでしょう。ですが、明治期の本は大人の本でも総ルビの本がたくさんありました。ありがたいことに、難しい漢語の読み方を音読みで右に、その訓読みの日常語の意味を左にと左右にルビを振って、意味と読みを同時に教える親切なルビのつけ方の本もありました。それに「褥瘡」の「褥」にしても、「瘡」にしても、ほかの熟語でも使われる漢字で、「褥布」、「換褥」、「就褥」、「凍瘡」、「痘瘡」などたくさん「褥」や「瘡」のつく語がありましたから、「褥瘡」も特に難しい用語ではなかったと思われます。現在は常用漢字表外字にしかルビは振られません。教科書では初出でルビがついても次からはルビはつきません。左右のルビのような漢字語習得の支援は、現在の教科書には見られません。こうして、漢字の環境が大きく違ってしまっているのに、そのまま元の漢語を使っていることに対しては、それでいいのかと問いかけずにはいられません。

こうして、付け焼刃ながら明治期の看護学の教科書などを探っているうちにどうしても、あらためて現在の介護のことばは難しい、難しすぎると思うに至りました。

この本で、現在の介護の難しさを知るために、明治時代の教科書や辞書を何度も引くことになりました。漢語史を探るような箇所も出てきます。今の介護や看護のことばを知るためには、歴史をさかのぼり、歴史の中にそのことばをおいてみる必要があります。ことばには歴史があり、そのことばは歴史の中にあるからです。明治の本の引用など、読みにくいと思われる方もあるかもしれませんが、馴れればそれほど読みにくいものでもありません。むしろ、思いがけない情報が得られて楽しい時もあります。どうか、昔のことばを毛嫌いしないでおつきあいください。

介護の場は、病院とは違って利用者の日常生活の場です。その中で使われることばも日常の平易なことばであってほしいと思います。ましてや、漢字圏でない国の人たちにもたやすく覚えてもらえることばであってほしいです。

介護のことばの実態を少しでも多くの方に知っていただいて、介護のことばを誰にでもわかりやすいものに近づけるにはどうしたらいいかを一緒に考えていただけたら幸いです。

# 目次

## 第七章　「仰臥位」「側臥位」「腹臥位」　137

## 第八章 「湿布」「貼付」「塗布」 157

## 第十章　「清拭」の歴史　203



## 第十一章　用語平易化・標準化の歴史　227

# 第一章 「シュシ」ですか、「テユビ」ですか。―コロナ時代のことば―

## 1

### 一・一 「シュシ」？「テユビ」？

新型コロナウイルスの感染が始まって以来、店でもオフィスでも入り口にアルコールがおかれるようになりました。スーパーなどではアルコールのおかれた壁に「手指の消毒をお願いします」と張り紙も見られます。さて、この「手指」何と読みますか。

毎週通っている区立体育館の体操教室で聞いてみました。体操の先生は即座に「『シュシ』ですよ、私は体育館の入り口で『シュシショウドクお願いします』と叫んでますもん」と答えました。教室の六十代七十代の受講者に聞くと、「『テユビ』でしょ、他に言い方あるの？」「『テユビ』だよ、テレビもいつも『テユビ』って言ってるよ」五人の受講生は全員「テユビ」でした。

### 一・一・一　介護福祉士国家試験の「手指」

介護教育のテキストにも、介護福祉士国家試験にも人体の部位の名称として、このことばはよく出てきます。介護の教科書で「手指」が出てきてもこの熟語は常用漢字表に示されている漢字ですのでルビは振られませんから、「シュシ」と読むのか「テユビ」と読むのかはわかりません。

介護福祉士の国家試験問題は、外国人受験者のために総ルビ問題も準備されていますので、それを見ると熟語の読み方がわかります。最近の国家試験を見てみます。

25回以降は総ルビ版がありますが、ルビは該当の箇所だけにつけます。（［　］の中の検討対象の語の傍線は遠藤がつけたもの。辞書の――、＝＝や引用文の傍点の、、○○●●などは本文のまま）

［1］　手指（しゅし）の細かな動作が難しい利用者に、マグネット式のボタンを勧める。（第32回　問題39選択肢1）

［2］　手洗いと手指（しゅし）の消毒を行う。（第29回　総合問題1、問題114選択肢2）

介護の専門用語としては「手指（しゅし）」であることがわかりました。では国語辞書ではどうなっているでしょうか。

### 一・一・二　国語辞書の「手指」

まず「シュシ」から引いてみます。

① しゅ・し【手指】手のゆび。「—を切断する」（『明鏡国語辞典』（以下『明鏡』）第三版）

② しゅ・し【手指】手のゆび。—紋【手指紋】手の指紋。（『広辞苑』第七版）

「手指」の意味としてはどちらも、「手のゆび」と記述しています。そして、「ゆび」の意味で使う用例を載せています。この意味だと、「手指の消毒」は「指」だけの消毒になってしまいますね。それでいいのでしょうか。

次に「テユビ」の項目を引いてみます。「テユビ」は『広辞苑』にも載っていなくて、載せている辞書は少ないのですが、次の2例がみつかりました。

③ て ゆび【手指】①手の指。「—のつめ」②手と指。▽しゅし。（『三省堂国語辞典』（以下『三国』）第八版）

④ て ゆび【手指】手の指。手や指。「—の消毒」（『新明解国語辞典』（以下『新明解』）第八版）

どちらも「手の指」「手や／と指」と二つの語義を載せています。「手や／と指」という語の意味なら「手指を消毒して」と言われても「はい、わかりました。手と指つまり手を洗うんですね」と言えそうです。③では言い換え語の情報として「しゅし」を載せています。③の『三国』は第七版では語釈はひとつだけで「手の指。しゅし」としていました。また、④の『新明解』はこの前の第七版にはこの語は載せていなかったのです。コロナ禍以降の改訂で語義を増やしたり、新しく見出し語を採用したりしているわけです。そして用例として、最近どこでもみかける「手指の消毒」を取り入れています。コロナは国語辞書も動かしています。

## 一・一・三　介護教科書の「手指」

次に介護士養成テキスト（書名では『介護福祉士養成テキスト』ですが、文中では「介護士養成テキスト」の語を使います）で、「手指」を見てみます。テキストは『新・介護福祉士養成講座』（中央法規出版　全15巻2009　以下『新・養成講座』［C］）、『介護福祉士養成テキスト』（建帛社　全17巻2009　以下『養成テキスト』［K］）、『介護福祉士養成テキストブック』（ミネルヴァ書房　全13巻2009〜2013［M］）の3シリーズを参照しますが、例文として引用するときは、その出典として、出版社名ローマ字頭文字・巻数・ページ数を、それぞれ、「C1, p.68」「K2, p.60」、「M3, p.16」のように記します。

［3］関節の変形は、手指の関節の変形がよくみられる。（M10, p.68）

［4］湿らせたガーゼを手指や割りばしに巻きつけて、歯の表面や口腔粘膜などを拭く。（K10, p.60）

［5］感染は、手指を介して起こることが最も多い。手指の消毒は施設内感染を予防するうえで、重要な対策のひとつである。（K9, p.169）

これらの文章に使われている「手指」をよくみると、［3］［4］は「ゆび」のことを、［5］は「てとゆび」のことを指していることがわかります。実際に使われている「手指」は、辞書の①②が述べる「手のゆび」の意味だけでなく、③④の記すように二つの意味で使われているのです。

『看護大事典第二版』を見てみました。「手指」の項目はないのですが、「手指消毒」「手指失認」という項目がありました。それぞれに英語訳がついています。

手指消毒　hand disinfection
手指失認　finger agnosia

ここでも「手指」が hand と finger の二つの意味で使われていることがわかります。

## 一・二　「手指」の歴史

漢語の意味や使い方がわからないと、その語はいったいいつごろからあるのだろう、どんなふうに使われていたのだろうと、気になります。この「手指」もそうです。どこからきて、どうやって使われていたことばなのでしょう。

## 一・二・一　明治の初めの辞書

明治の初めごろの医学書や医学辞書を見てみます。明治三（1870）年の『解体説約』には「五指」「毎指」という語が出ていて、「ユビ」のことを「指」と呼んでいたらしいことがわかります。同六（1873）年『解剖訓蒙』には、「〔指〕フィンゲル」と記されています。フィンゲルつまりドイツ語の**Finger**は日本語の「指」にあたるということです。日本でいちばん古い医学辞典『医語類聚』（1873）の**Finger**の訳語には「指」と記されています。しかし、これらの「指」はどう読んでいたのでしょうか。「シ」でしょうか、「ユビ」でしょうか。

童男童女のためとして書かれた人体の名称の本には、

［6］テ　手（シュ）
　　タナゴヽロ　テノヒラ　掌（シャウ）　手心（シュシム）
　　ユビ　指（シ）（『暗射肢体　指南図』（1876））

のように、和語を先に出し、漢字とその音を記しています。つまり日常語の「て」は専門語では「手（シュ）」、「たなごころ　てのひら」は「掌（シャウ）　手心（シュシム）」、「ゆび」は「シ」だと教えていて、「ゆび」の専門語は「シ」とわかります。

『外科拾要巻八』（1873）という医学書には「手指牽縮」（p.12）という病名が記され、ここでは「手指」ということばが使われています。『人体図解問答』（1876）では、

［7］　拇指（ヲホユビ）。指（ユビ）の中太（ウチフト）く短（ミジ）かきをいふなり。（親指。指の中で太くて短いのをいう）（10ウ）

として、「指（ユビ）」の語を使っています。また、『手話法：新発明』（1887）では、

［8］　第十章　手の表裏及ひ手指の名称
　五本ノ手指中第一指即チ俗ニ親指ト称フルヲ母指ト云ヒ（第十章　手の表と裏と、指の名称　五本の指のうち第一指つまり普通に親指と言う指を母指と言って）（p.21）

のように「手指」のことばを使っています。ただし、これらの漢語の読み方はわかりません。

### 一・二・二　看護教科書

日本赤十字社の篤志看護婦人会の講習のために作られた教科書『日本赤十字社篤志看護婦看護法教程』（1889）（以下『日赤看護法』）にはルビがついている語が多いので助かります。

［9］　（昇汞水を）手指洗滌（しゅしせんでき／てゆびをあらふ）ニ用フルニハ　（昇汞水を手や指の消毒に使うときには）（p.35）

［10］　癲癇（てんかん）ハ［…］口ニ泡沫（ほうまつ／あは）ヲ生（せう）シ其他手指緊握（しゅしきんあく／てをしかとにぎる）シテ開（ひら）クコト能（あた）ハサル等ノ（癲癇は［…］口から泡を出し、そのほか手をきつく握って開くことができないなどの）（p.153）

［11］　止血法中最モ簡単（かんたん／てがる）ニシテ良ナルハ指ヲ以テ創口中ノ出血スル部ヲ圧迫スルナリ。（血を止める方法の中で一番簡単でよいやり方は、指で傷口の中の血の出ている部分を圧迫することです）（p.172）

左右にルビが振られているのがありますが、右のルビは漢語の読み方、左のルビは日常語の意味を示しています。［9］は「手指」の漢語つまり専門語は「しゅし」で日常語は「てゆび」ということです。［10］は専門語は「しゅし」ですが、日常語は「て」だと言っています。「洗滌」もむずかしい漢語ですが、右側にその読み方の「せんでき」、左側が「あらふ」という日常語を示しています。さらに、「手指」の意味ですが、［9］では手指を洗うと言い、［10］ではしっかり握るというのですから、「ゆび」だけということではなく「手と指」両方を指していることがわかります。「ゆび」を意味する「手指」という語に、「手」の意味も加わったのです。［11］はルビはありませんが、「手指」だけでなく「指」も使われていることがわかる例です。

もう少し見ていきましょう。『救急法』（1890）の「第二前内側ノ上肢諸筋」には「手及指ノ屈筋」（ページ数記入なし）と、「指」の語が使われています。『外科手術篇』（1893）には、「手指手術」（p.1）の語が出ています。これは指骨、第二指第三指などの語と一緒に使われているので「ゆび」の手術を指していることがわかります。

女性のための教養書の中で看病法を説いた『女学全書第十二編　通俗看病法　全』（1893 以下『通俗看病法』）には、

［12］　自ら眼に薬を付けんと欲せは自己の手指を清潔に洗ひ其端へ眼薬を付て其にて半開きたる眼を摩るべし。（自分で目に薬をさしたければ、自分の指をきれいに洗って、その先に目薬をつ

けてその指で少し開いた眼をこすりなさい）（p.44）

という文章があり、目薬を自分の指を使って目薬を差す方法を教えていますが、ここでは「手指（ゆび）」の語が使われています。「手指」に「ゆび」のルビが振られて、「手指」＝ゆび　であることがわかるのです。

明治二三（1890）年に開校した日本赤十字社看護婦養成所の教科書『日本赤十字社看護学教程』（1896　以下『日赤看護学』）では、「指」の例として、

［13］手ヲ別テ腕、掌、及ヒ指トナス［…］指ニハ各々三個ノ骨アリテ（手の部分を分けて腕、掌、指とする　指にはそれぞれ3個の骨があって）（p.35）

「手指」の例として、

［14］患者ノ口内ヲ清潔ニスルニハ手指ニ湿ヒタル布片ヲ纏ヒ口内ヲ摩拭スヘシ。（患者の口の中を清潔にするには、指に湿った布を巻き付けて口の中を拭きなさい）（p.112）

［15］手指麻痺シ或ハ創傷アリテ自ラ飲食シ能ハサル者ニ在テハ（手や指が麻痺したり傷があって自分で食事ができない人の場合には）（p.114）

などがあります。ここの「手指」では、［14］は「ゆび」を指し、［15］は「てとゆび」を指しています。**Finger** を表すことばとして、同じ本の中でも「指」と「手指」があること、また、「手指」は「ゆび」と「てとゆび」と、二つの意味で使われていることがわかります。

### 一・二・三　明治中期以降の医学辞書

次に、明治中期以降に出た医学辞書を見てみます。

『新医学大字典』（1902）

Digitus　手指

Digitus manus　手指

『袖珍医語字林：独羅和訳』（1903 以下『袖珍医語』）

Finger　手指

Dactylus　指

『和羅独英新医学辞典』（1910 以下『和羅独英』）

Yubi, 指　Ⓛ Dactylus, Ⓓ Finger, Ⓔ Finger

Shushi, 手指　Ⓛ Digitus, Ⓓ Finger, Ⓔ Finger

ラテン語の Digitus、Dactylus、ドイツ語、英語の Finger の訳語として「指」も「手指」もあり、日本語の「指（ゆび）」がラテン語では Dactylus、ドイツ語では Finger に相当し、「手指（しゅし）」がラテン語では Digitus、ドイツ語では Finger に相当するということです。これらの記述を合わせてみると、「指」と「手指」は全く同じ部位を指し、意味も全く同じだということがわかります。

では、なぜ同じ意味の語が二つあるのでしょう。それは熟語の造語法から説明できます。「指（し）」という1字の漢語は1音節で不安定です。それを安定化するために「指」のある位置を説明する「手」の字をつけて2字の熟語にしたというわけです。これは「てのひら」のことを、初めは「掌」と言っていたのを「手掌」とも言うようになり、「くちびる」のことは「唇」だったのを「口唇」とも言うようになったのと同じことです。足のうらのことを昔は「蹠」とも「足蹠」とも言っていたのも同じ理由です。

## 一・三　「指」と「手指」は同じ

以上のことを整理すると、こうなります。

　英語の**Finger**に当たる医学用語は「指（し・ゆび）」である。しかし「指」だけでは不安定なので「手」を加えて「手指」とも言うようになった。「手指」の語は、当初は「ゆび」だけの意味で使っていたが、そのうち「手」の字の意味が加わるようになり、「てとゆび」の意味でも使うようになった。

最初に戻りましょう。

「手指」は昔から「シュシ」とも「テユビ」とも読んでいたので、どちらを言ってもかまわない、その意味も、「ゆび」だけの意味で「手指の指紋」という使い方もあるし、「てとゆび」の意味で「手指の消毒」という使いかたもできる、ということです。どちらでもいいのだったら、「てゆび」だけにまとめてほしいですね。「シュシ」と聞いてもすぐに「手の／と指」とは思い浮かびません。まず「趣旨」？「種子」？とほかの漢語を思い浮かべるでしょう。もう一歩進めるなら、「てゆび」は初めは「ゆび」だったんですから「ゆび」に戻してほしいですね。

つまり、「ゆび」は最初の辞書の用例の「指の指紋」「指の切断」のように使い、「消毒」などのときは「てとゆび／てやゆびを消毒する」ということになります。ここでもう一歩進めましょう。「手」はもともと「手のひら＋ゆび」を指しています。ですから「手を洗う／消毒する」と言えば十分「てとゆびの消毒」になっています。

なんだか大騒ぎしてきたようですが、普段から「手をよく洗いましょう」と言っているのですから、わざわざ「手指を消毒してください」といわなくても「手を消毒してください」で十分だとわかったのです。

こうなると耳で聞いても目で見てもわかりにくい「手指」ということばはもう要らなくなります。何と読むのか悩む必要もなくなり、ずいぶん気持ちがすっきりしますね。

# 第二章　人体図の名称が難しいのは

第一章で、「指」のことを看護や介護では「手指」ということを知って驚きました。友人は家族の介護記録に「背部に皮むけあり」と書いてあるのを読んで「どうして背中と言わないの」と言っています。介護士候補者の日本語支援をしたときには、申し送りでインドネシアから来た研修生が「ミギジョウシリンパフシュの疑いあり」と聞いてきて、わからなかったことがあります。こういう体の部分の名前が看護や介護の世界では私たちの日常のことばとは違うようです。

介護教育のテキストや参考書には人の体の簡単な図と名称が示されています。人の介護をするのに体の部分の名前を知っておくのは当然のことで、介護をしようとする人は最低このくらいは知っておいてほしいという名称でしょう。そこには「腋窩・臀部・鼠蹊部」のような難しいことばが出てきます。介護の仕事をする人は、若い人も外国人もこんな難しいことばも覚えなければならなくて本当にたいへんです。いったい、どうして介護のことばはこんなに難しいのでしょうか。

それは介護という仕事の成り立ちとかかわっています。介護という仕事がはっきりと確立してきたのは、一九八〇年代の後半からです。その前は介護保険もなくて、家族がお年寄りの面倒をみていました。社会の高齢化が進んで、家族ではもう介護しきれなくなって、国として社会として介護を担うことになり、いろいろ制度も整ってきました。介護学も、医師、看護師、保健師、社会保障の研究者などから技術や知識を学びながら育てられてきました。ですから、介護のことばも医学や看護学から伝わってきた例がとても多いのです。

## 二・一　今の用語と明治の用語

介護のことばが難しいのは、その前の学問の後を引き継いでいるからでしょう。そうなると、前の学問のことばを知る必要が出てきます。ことばの歴史を調べだすと、次から次と新しい疑問が出てきりがなくなりますが、あまり細かいところまでは入りませんので、一緒にことばの歴史を楽しんでください。介護のことばの歴史につき合ってください。

日本の看護学は明治時代に誕生し、それが脈々と続いています。看護のことばを知るには明治に戻ってみなければなりません。その一例として、明治時代の看護学の本で使われている人体の名称を調べることにしましょう。そしてそれらのことばと、現在の介護士養成テキストや用語集に出ている人体図のことばを比べてみましょう。図1・1、図1・2は明治三二（1899）年に刊行された下平文柳の看護学の本『看病法修業用　人体の解剖及生理』（以下『解剖及生理』）の中に掲げられたもの、図2は現在の介護士養成テキスト『新・養成講座14』のグラビアに示されたもの、図3は外国人介護従事者のために編集された『五か国語でわかる介護用語集』（以下『介護用語集』）の中の体の図、そして図4は中学生から一般社会人対象の国語辞書『三省堂現代新国語辞典』（以下『三現国』）第六版）の中の体の図です。

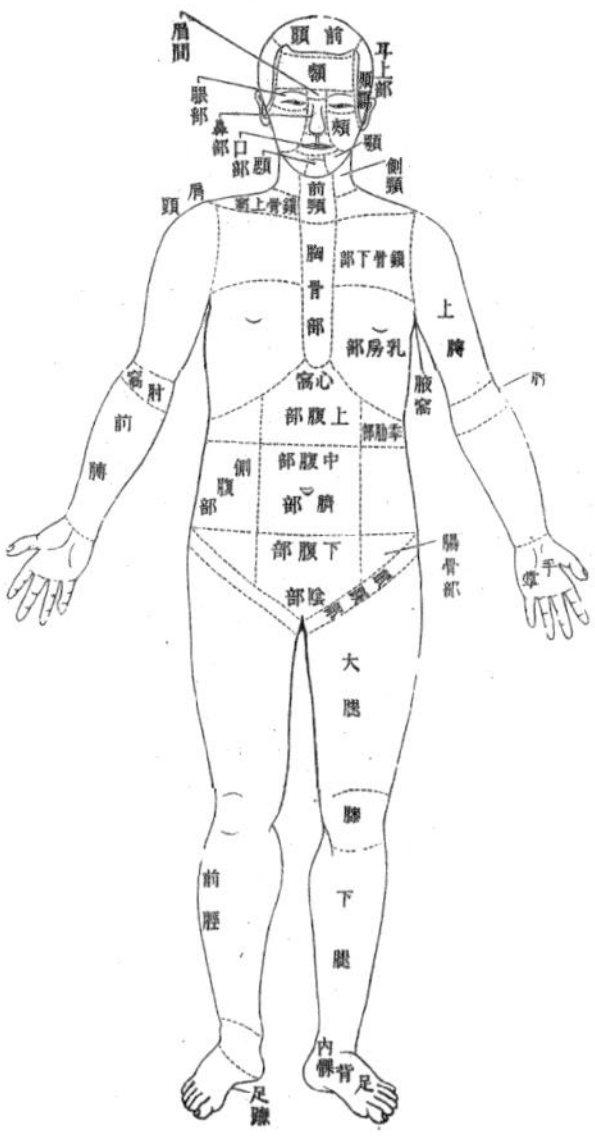

図1・1　明治期の人体図　顔の側
『解剖及生理』（p.61）

まず、図1・1から図4までの図を見ながら、同じ部位の名称を表にしていきます。

ざっとこの表を見ただけで、国語辞書に記される人体の名称と介護テキストに出ている語とでは、ずいぶん違っていることがわかります。国語辞書のことばでは「頭・腹・胸」などが記されていないので、全体としては言えませんが、この表に出ていることばで、現在の介護のことばと共通することばが「足の甲」「手の甲」「かかと」だけというのはやはり

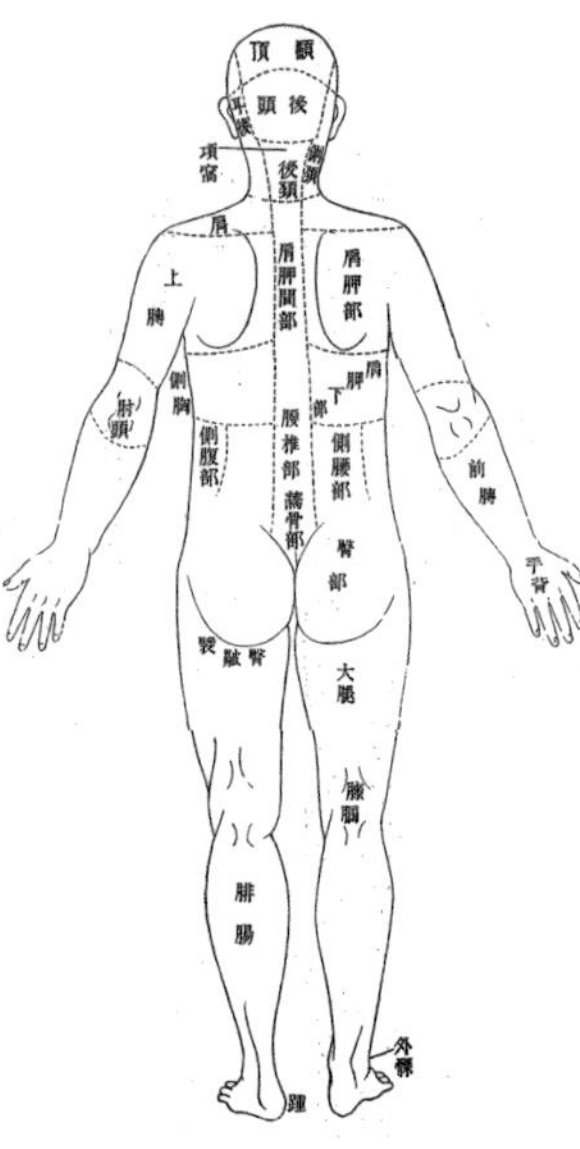

図Ｉ・2　明治期の人体図　背中の側
『解剖及生理』（p.63）

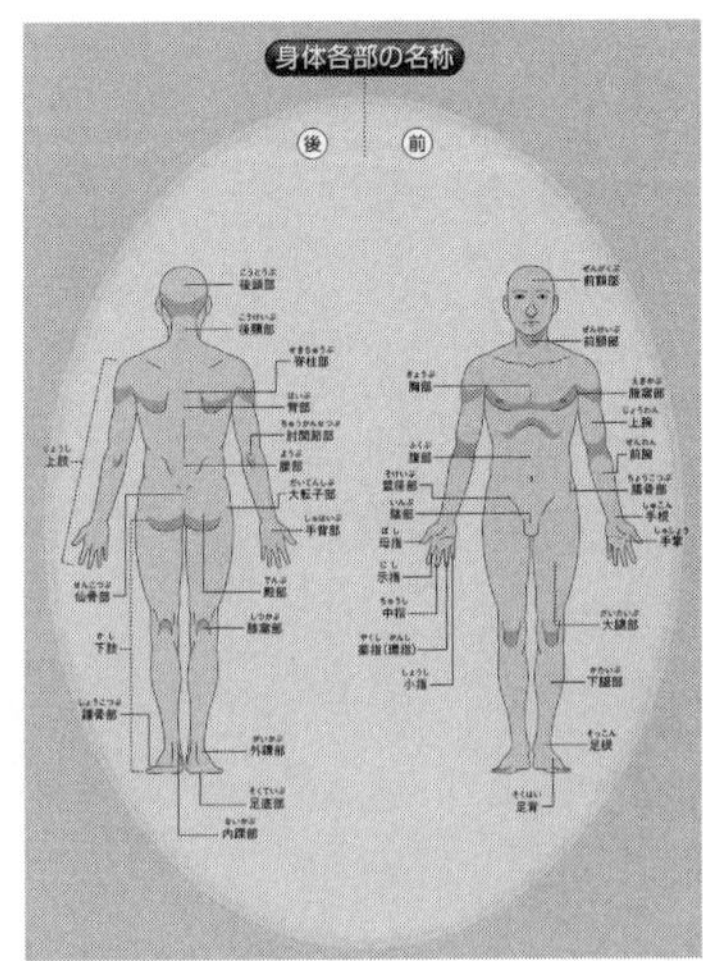


図2　介護士養成テキストの人体図
『新・養成講座14』口絵

り少ないですね。それだけ、介護のことばは日常語とは違う特殊なことばが多いということなのですね。

さて、図1・1を見ましょう。明治三二（1899）年に刊行された看護学教科書に示されている名称です。これらの名称は明治のいつごろからが使われていたのでしょうか。

明治の初めのころ刊行された医学書を見てみましょう。明治五（1872）年に刊行された『虞列伊氏解剖訓蒙図　乾・坤』（以下『虞列伊氏』）には「頭部・腹部・胸部・臀部・下肢・上肢・大腿・小腿・足背部・鼠蹊」の語が見られます。同じ年に刊行された『布列私解剖図譜』（以下『布列私』）には「上膊・前膊」が見られます。「足蹠」は明治六（1873）年刊行の『医語類聚』で、「腋窩・腋下・手背・手掌・踵」は、明治七（1874）年の『解剖必携巻之一～六』でそれぞれ確認できました。「心窩」は、明治八（1875）年刊行の『掌中医宝巻之二』に出ています。

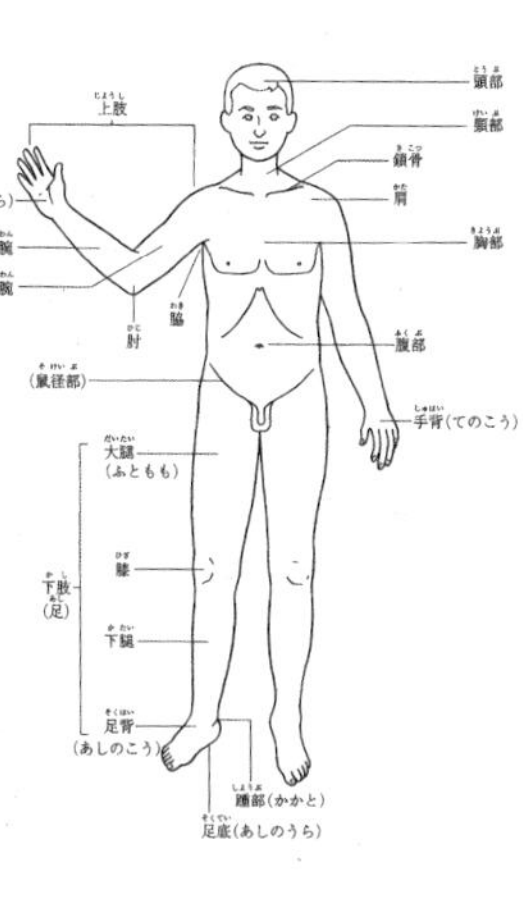


図3　『介護用語集』（p.280）

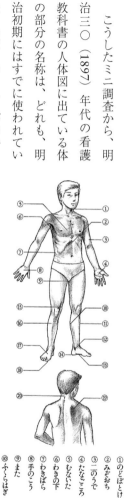

こうしたミニ調査から、明治三〇（1897）年代の看護教科書の人体図に出ている体の部分の名称は、どれも、明治初期にはすでに使われていたものだということがわかりました。

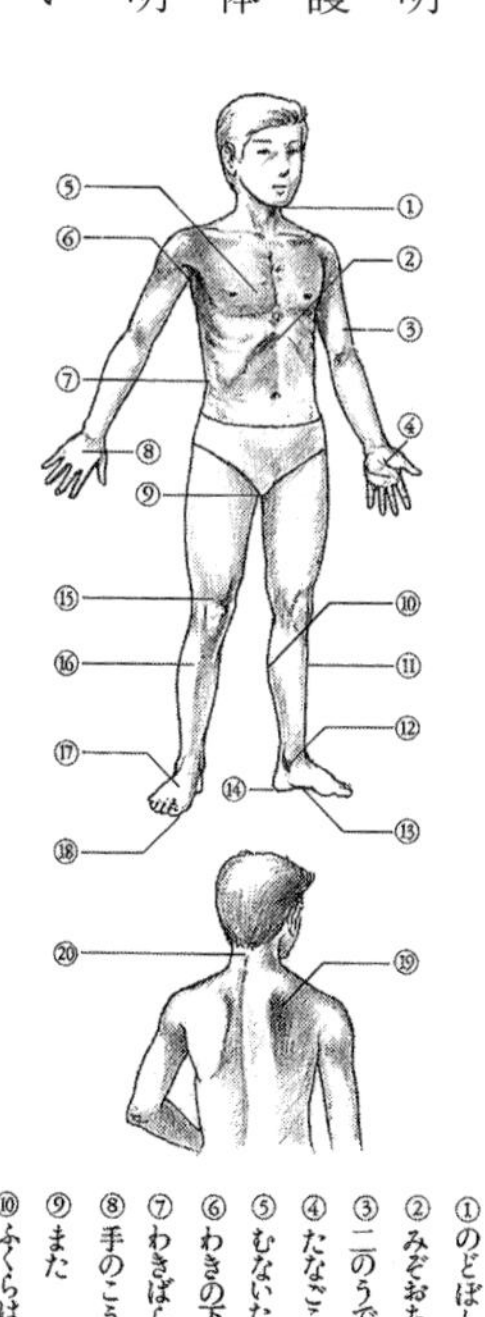

①のどぼとけ　②みぞおち　③二のうで　④たなごころ　⑤むないた　⑥わきの下　⑦わきばら　⑧手のこう　⑨また　⑩ふくらはぎ
⑪向こうずね　⑫くるぶし　⑬土ふまず　⑭かかと　⑮ひざがしら　⑯すね　⑰足のこう　⑱つま先　⑲けんこうこつ　⑳うなじ

図4　『三省堂現代新国語辞典第六版』（p.279）

表1　人体名称対照表

| 図1『解剖及生理』 | | 図2『新・養成講座』 | | 図3『介護用語集』 | | 図4『三現国』 |
|---|---|---|---|---|---|---|
| | 頭部 * | | （後）頭部 | | 頭部 | |
| | 頸部 * | | （後）頸部 | | 頸部 | うなじ ** |
| | 胸部 * | | 胸部 | | 胸部 | |
| | 腋窩 | | 腋窩部 | | 脇 | わきの下 |
| | 腹部 | | 腹部 | | 腹部 | |
| | 心窩 | | 心窩部 * | | | みぞおち |
| | 鼠蹊部 | | 鼠径部 | | 鼠蹊部 | |
| | 臀部 | | 殿部 | | 臀部・殿部 | |
| 下肢 | 大腿 | 下肢 | 大腿部 | 下肢 | 大腿（ふともも） | |
| | 下腿 | | 下腿部 | | 下腿 | |
| | 踵 | | 踵骨部 | | 踵部（かかと） | かかと |
| | 足背 | | 足背部 | | 足背（あしのこう） | 足のこう |
| | 足蹠 | | 足底部 | | 足底（あしのうら） | 土ふまず ** |
| 上肢 | 上膊 | 上肢 | 上腕 | 上肢 | 上腕 | 二のうで |
| | 前膊 | | 前腕 | | 前腕 | |
| | 手掌 | | 手掌 | | 手掌（てのひら） | たなごころ |
| | 手背 | | 手背部 | | 手背（てのこう） | 手のこう |

* 図には示されていないが、本文中に使われている語。** 図1～3の一部を指している。

これらの明治期の名称は現在の人体の名称とどうつながっているのでしょうか。あるいは、つながっていないのでしょうか。明治期の図1『解剖及生理』の名称と、現在の図2、図3、図4の名称を比べてみましょう。ここで、「大腿部・大腿」のように「部」のついている語とついていない語がありますが、指しているところは同じですから、同じ語とします。図3は、外国人や若い人が介護のことばを知る用語集ですので、他と比べてやさしいことばが載っています。図1、図2の「腋窩」は「脇」になっていますし、「大腿（ふともも）」、「手背（てのこう）」のように日常語を（　）に示して、日常語の情報も知らせています。図2の『新・養成講座』では、日常語との接点は示されません。

さて、図1の明治期の用語を図2、図3と比べて同じでなかったのは、「上膊」と「前膊」と「足蹠」の3語だけでした。「上膊」というのは腕のうちの肘から上の部分の名前、「前膊」というのは腕のうちの肘から手首までの部分の名前、そして「足蹠」というのは「足の裏」のことです。表で比べた19語のうち3語が変わったということは、なんと16語は変わっていないということです。明治から現在まで百年以上も経っているのに現在の名称と変わっていたのは、

図1の「上膊」が、図2と図3では「上腕」に変わっている。
図1の「前膊」が、図2と図3では「前腕」に変わっている。
図1の「足蹠」が、図2と図3では「足底」に変わっている。

だけでした。19語のうち3語、つまり15・8%だけが明治期と変わって少しやさしくなっている、そのほかの16語、84・2%はまったく変わっていないというわけです。逆に言うと、「上膊」「前膊」「足蹠」の3語以外はすべて、明治と同じことばを今でも使っているということです。漠然と介護の用語は難しいと感じていましたが、その難しさの訳が少しわかった気がします。百年以上も前の明治時代と社会はすっかり変わってしまったのに、介護のことばは昔のままだったのです。

## 二・二　明治期とは変わった3語について

今の名称が明治期とは変わっている3語は、いつごろ変わったのでしょうか。なぜ変わったのでしょうか。

### 二・二・一　「上膊」「前膊」→「上腕」「前腕」への変化

「上膊」「前膊」の語は、『布列私』に見られましたが、そのころは、同じところを指すのに「上臂」「下臂」という名前もありました。『解体説約』や、『虞列伊氏』などの中に見られます。しかし、明治一〇年代に入ると、「上臂」「下臂」は見られなくなり、『解剖攬要巻之三』（1881）（以下『解剖攬要』）、『解剖大全』（1883-84）などで見るように、「上膊・前膊」に統一されていきます。明治後半の医学辞書『医語新字典』（1905）、『和羅独英』にも、「上膊」「前膊」の語が採用されています。こうした流れの中で、図1で示した『解剖及生理』の人体図の名称も「上膊」「前膊」を使っていたというわけです。

その後も『家庭医学』（1911）、大正期の『解剖学袖携』（1916）、『近世看護学教科書上』（1925 以下『近世看護学』）昭和期の『解剖学講義：図解鍼灸医学』（1927）、『解剖学、第一』（1934）、『解剖学粋　上』（1940）と、大正を経て昭和の戦争が終わるまで、戦前はずっと「上膊・前膊」が使われてきました。

## 二・二・二　「足蹠」→「足底」への変化

「足蹠」は、『虞列伊氏』と『布列私』では、「蹠面」の語で示されています。『医語類聚』（1873）では「足蹠」になり、『医科全書　解剖編四』（1877）では、「足蹠面」、『実験解剖学上』（1880）では「足蹠」、『解剖攬要』では「蹠面」と、「蹠面」と「足蹠」が併用されていきます。骨の名称では「蹠骨」があり、それを示すときには「蹠側」の語も使われて、「足の裏」を指す語として「足蹠」「蹠」が共存してきました。もともと、「蹠」の字は大正期の代表的な漢和字典『大字典』（1917）の字義「ヲドル・足ノウラ」でもわかるように、一字で「足の裏」を指す語です。その字にさらに広い概念の「足」の字を加えて「足蹠」の熟語ができたわけで、人体の名称としても「足蹠」と「蹠」は同じところを指す同義語となります。この2語の関係は、第一章の「指」と「手指」の関係と同じです。つまり、「指」で「ゆび」をさしているのですが、それにその語を含む大きい意味である「手」の漢字をつけて音韻的にも安定する二字の熟語にしたというところが、「蹠」に「足」をつけて「足蹠」にしたのと同じ造語法というわけです。

医学界で「足蹠」と「蹠」のどちらを使っているかを調べますと、明治二〇（1887）年の『賢列氏解剖学』、同二六（1893）年『解剖学　講本』などから、「足蹠」に傾いていっていることがわかります。『医語新字典』、同三九(1906)年『日独羅医語新字典』(以下『日独羅医語』)でも「足蹠」で立項されていますので、明治中期以降は「足蹠」に統一されてきたと思われます。看護学の方でもその後大正一二(1923)年の『看護学教科書　下』や、大正一四（1925）年の『近世看護学　上』でも「足蹠」で、教科書で「足蹠」が定着していきます。昭和一〇（1935）年の『警察実務提要』の人体図にも「足蹠」の語が示されています。明治以降終戦までは「足蹠」がずっと続いてきていたのです。

## 二・三　用語変更のいきさつ

戦後まもなくの昭和二二（1947）年に出された日本解剖学会編纂の『解剖学用語』では、この3語は、「上腕、ニノウデ（6）」「前腕、マエウデ（7）」「足底、アシノウラ（15）」として登場します。明治以来使われてきた「上膊」「前膊」「足蹠」が、ここで、「上腕」「前腕」「足底」に改訂されたのです。「膊」や「蹠」のような難しい漢字から普通に読める「腕」「底」に変わりました。さらにそれぞれの語に「ニノウデ」「マエウデ」「アシノウラ」という日常語が併記されています。これは戦前の医学書には見られなかった新しい表記法です。それぞれの語の後につけられた（6）、（7）、（15）は巻末に記される「解剖用語註解」の注の番号で、この註解にそれぞれの改訂の理由が述べられています。注記の内容については二・四で詳しく見ますが、その前にこれらの用語改訂の経緯を見ていきましょう。

## 二・四　『解剖学用語』刊行の経緯

『解剖学用語』の序文からその刊行の経緯がわかります。この本は奥付には昭和二二年四月二〇日発行とされていますが、表紙には「日本解剖学会撰　解剖学用語」と記され、さらにめくった中表紙には、「日本解剖学会撰／解剖学用語／　附　組織学用語／発生学用語／昭和二〇（1945）年三月」と明記されています。昭和二〇（1945）年三月に内容が出来上がって印刷もされていたのが、実際に刊行されたのは戦後の昭和二二（1947）年ということになります。昭和二〇年三月と言えば、戦争も末期、しかも東京大空襲の月です。その月に発行寸前までいっていたということにまず驚きます。東京はもとより国内が戦争一色に塗りつぶされ、日々空襲に脅かされて、平常の教育も研究も非常に困難になっていた時期に、解剖用語の改訂が検討され、集約された本が発行寸前までこぎつけられていたのです。

この本には「序」で刊行の経緯が述べられています。まず、日本の解剖学を杉田玄白『解体新書』、宇田川榛齋『医範提綱』以来の流れの中で位置づけています。杉田玄白と『解体新書』と言えば日本史に必ず登場する日本の近代医学の大パイオニアです。介護のことばをたどっていたらひょいと杉田玄白さんにぶつかってしまいました。体の部分のことばだから解剖学の範囲です。解剖学をさかのぼると江戸の杉田玄白がその始祖だというわけです。玄白さんはひとまずおいて、この「序」によると解剖学の分野では、明治の中ごろから解剖の用語や用字を整理統一するために絶えず検討を続けてきていました。そして、今回昭和一九（1944）年に「昭和一六（1941）年の秋以来日本医学会の医学用語整理委員会と緊密な連絡を取りながら［…］何回となく意見の交換を行った末昭和一八（1943）年三月漸く原案を纏めることが出来た」と記します。この日本医学会の動きについては、後の十一章で詳しく述べますが、最後に日付と執筆者として「昭和一九（1944）年六月　日本解剖学会用語委員」と記されています。

続けて「第二版序」が記され、

> 本書の第一版は［…］甚だ不満足のものであつたが、今その第二版を刊行するにあたり、再び細心の全面的検討を行ひ、なほ附録として組織学用語及び発生学用語を蒐録し、爰に解剖学用語は初めてその決定版を持つことになつたのである。
>
> 昭和二十年三月　日本解剖学会用語委員

と、その経緯が記されています。やはり昭和一九（1944）年から二〇（1945）年三月にかけて「細心の全面的検討」が行われていたのです。この序文から、初版が昭和一九（1944）年に刊行され、その改訂版が昭和二〇（1945）年三月に完成していた、しかし、刊行されたのは2年後の昭和二二（1947）年だったということがわかります。

## 二・五　用語変更の考え方

序文と凡例には、明治以降の「上膊」「前膊」「足蹠」などの用語が、変更されたいきさつが記されています。凡例に「用語の選定について」という項目があります。そこでは、

（1）　力めて従来の用語を保存したが、語感がよく、聞いて判ることを第一とし、従つて成るべく同音異義の語を避け、又成るべく読み易く、書き易い漢字を選び、なほ該当する日常の国語がある場合には併せて之を認めた。（傍線　遠藤）

と、用語の選定の方針が記されています。聞いてわかる読み易く書きやすい漢字を選び、漢字のことばと同じ日常語がある場合はそれを並べて書くという新しい方針の下で改訂が行われたことを伝えています。日常語を並べて書くというやり方は、専門用語と日常語を結びつけようとするもので、用語のわかりやすさのためにとてもとても大事なことです。学術専門用語集を作成するのにこうした方針が立てられていたということは、実に画期的で思い切った改訂作業であったと思われます。

凡例には具体的に変更の例が挙げられています。その一部です。

Capsula—「嚢」は成るべく「膜」「包」等に改めることにした。

Labium—（旧）「脣」が正しいのであるが、慣用の「唇」に改めた。

などです。さらに、本文の改訂された用語にも多くの語に注記がつけられ、巻末でその注記の内容が

記されます。今回問題にしている「上腕、ニノウデ（6）」「前腕、マエウデ（7）」「足底、アシノウラ（15）」の注記（6）（7）（15）を見てみましょう。

（6）腕―（旧）膊は常用字でない上に屢々「膊」と誤り書かれるので、凡て「腕」に改め、なほ従来の「腕」は凡て「手根」に改めた。

（7）前腕―（6）参照。

（15）足底―（旧）「蹠」（音セキ）は屢々誤り読まれるので同音同義の「跖」に改めてはと云ふ意見もあつたが、中国の用語を採ることにした。

と記されています。（6）（7）では、「上膊」「前膊」の「膊」が常用字でなく、書き間違えられることも多いから「腕」に改め、「上膊」「前膊」を「上腕」「前腕」に改めたというのです。ここで「常用字」というのは、現在の常用漢字表のことではありません。戦前に臨時国語調査会が選定した「常用漢字」のことです。解剖用語の改訂でも、「常用字」にない漢字を避けたことがわかります。「常用字」にない漢字は避けるという考え方は今でも十分通用します。（15）では、「蹠」の漢字が難しくて読み間違えられることが多いから、音も意味も同じの「跖」にしてはどうかという意見もあったが、中国語にある「足底」にしたというのです。「跖」が採用されなかった理由はわかりませんが、「跖」よりわかりやすい「足底」に改訂されたことは結果としてよかったと思います。こうした註解からは、やさしい用字に改めたい、そのために漢字を変えるだけでなく中国語から借りてくるのもかまわないという柔軟な姿勢が窺われます。

結局、この3語が変えられた理由は、①常用字でない、②書き間違えられることが多い、③読み間違えられることが多い、というものでした。漢字が難しくて書くにも読むにも問題がある用語だから改められたということがよくわかります。

## 二・六　国語辞書の「上膊」→「上腕」への変遷

次に、「上膊」「前膊」「足蹠」の3語が「上腕」「前腕」「足底」に変更されたことが国語辞書にどう反映されているかを見てみます。

大正期の『大日本国語辞典』（1915〜1918 以下『大日本』）、昭和初期の『大辞典』（1935）には「上膊」と「前膊」は出てきますが、「上腕」と「前腕」は登場しません。昭和一八（1943）年の『明解国語辞典』（以下『明解』）も同じです。戦前の国語辞書には「上腕」「前腕」の語は存在しないのです。

戦後の『三国』の初版（1960）では、「上膊」と「前腕」が出ていて、

じょう・はく【上膊】〔生〕ひじからうえの部分。二の腕。

ぜん・わん【前腕】〔文〕ひじから先のうで。

と記されています。「上膊」の〔生〕というのは、この辞書の略語表の「位相語〔特殊用語〕」の欄に「〔生〕生物・生理」と説明されているとおり、「上膊」を生物学・生理学の専門用語と捉えていることを示しています。ところが、「前腕」の方は〔文〕と記されています。つまり「文章語」の略ということです。腕のうちの肩に近い方と手首に近い方とを説明するのに一方は「生物用語」、一方は「文章語」というのもちょっと不思議です。一九七四年刊行の第二版では「上膊」「前膊」「上腕」「前腕」全部採録されています。ただし、「上膊」「前膊」の項目には、それぞれの語釈として「『上腕（ジョウワン）』の古い呼び名」「『前腕（ゼンワン）』の古い呼び名。」と記されています。ここで、新旧の交代がはっきりわかります。

次に「足蹠」です。この語は『大日本』には採録されず、『大辞典』には、

ソクセキ　足蹠　あしうら

として登場します。「足底」は『大日本』『大辞典』どちらにも採録されていません。『広辞苑』は初版（1955）から「足蹠」は立項されていますが、「足底」は採録されていません。同辞書は、現行の第七版まで「足蹠」を載せ、「足底」は載せない方針が続いています。

小型辞書の『三国』は初版から現行の第八版まで、『岩波国語辞典』（以下『岩国』）の初版から今の八版まで、『新明解』の初版から最新の第八版まで、どの辞書も「足蹠」「足底」は載せていません。ところが『明鏡』は二〇一〇年の二版から「足底」を載せ始めています。

そく・てい【足底】足の裏。「—紋」
一方で『三国』だけは第六版（2008）から「あしうら」を載せています。
あしうら【足裏・×蹠】足の立ったときに地面をふんでいる面。足のうら。「—マッサージ」

「足底」と同義語とは示されませんが、「蹠」の字が示されることから同じところの名称であることがわかります。

国語辞書にはそれぞれ辞書によって語の採録方針があります。解剖用語として言い換えて七〇年以上も経ているのに、それ以前の用語を載せ続けている辞典から、日常用語を反映させた採録の仕方のものまで、辞典の人体の名称の載せ方もさまざまです。

## 二・七　人体の名称を日常のことばに

結局、明治期に使われていた人体名称の19語のうち16語はそのまま現在でも使われ、戦後変わった語は3語だけでした。もちろん変わらないことばが今でもわかりやすいことばでしたらそのまま使い続けていても問題はないでしょう。ですが、「カシ・シュショウ・ショウブ」など同音語が多くて耳で聞いてもわからないことばが受け継がれているのは問題ではないでしょうか。介護の現場では専門語彙としては「シュショウ（手掌）」という語を覚え、介護利用者（以下「利用者」）と話すときは日常語の「てのひら」を使うというように、介護スタッフは2語を使い分けなくてはいけません。つまり、漢語の専門語と和語の日常語をダブルで知っていなければいけないのです。人手が足りなくて外国から来たスタッフの力がとても重要なときです。外国から来た人たちにもこうした難しい漢語と日常語とをダブルで覚えてもらうのでしょうか。難しいことばが必要な部署に外国人をいれなければいい、という意見もあるかもしれませんが、それは人権問題です。外国人の介護スタッフが職場で生きがいを持って働くには、日本人労働者と同じようにキャリアを積み、昇給もしていかなければいけません。キャリアを上げるには資格が必要です。その資格試験にはこうした難しい専門用語が氾濫しているのです。外国人スタッフだけでなく、利用者にしてもその家族にしても、わからないことばで話されているのが聞こえるのは不安です。

解剖学の用語集を改訂し編集した医学者たちの考え方を今一度思い出してみます。

> 語感がよく、聞いて判ることを第一とし［…］なほ該当する日常の国語がある場合には併せて之を認めた。（『解剖学用語』凡例 p.1）

と。戦時中の困難な時期に用語を改訂した医師たちの言うように、耳で聞いてわかる日常語を中心にすることはできないのでしょうか。

図4で見た国語辞書の日常語と、この『解剖学用語』の編集方針をとりいれて、今回問題にした人体の名称を耳で聞いてわかる日常のことばに言い換えてみたいと思います。

そうすると次のようになります。

頭部＝あたま
頸部＝くび
胸部＝むね
腋窩＝脇の下
腹部＝はら・おなか
心窩部＝みぞおち
鼠蹊部＝もものつけね
臀部・殿部＝おしり
上肢＝うで
下肢＝あし

上腕＝にのうで
前腕＝まえうで
手掌＝てのひら
手背＝てのこう
大腿＝ふともも
下腿＝すね・ふくらはぎ
踵部＝かかと
足背＝あしのこう
足底＝あしのうら

介護の現場で、こういうことばが飛び交うようになったら、働く人々はどんなに楽になることでしょう。

# 第三章　難しい体の名称（一）「手掌（しゅしょう）」「手背」「足背」「足底」

第二章では、現在の介護の現場の体の名称が難しいのは、明治時代のことばがそのまま使われているからだとわかりました。では、明治の人たちは、こうしたことばをどう使っていたのでしょうか。三章から五章までは、こうした体の名称の中で、いま私たちが書いたり覚えたりすることが難しいことばについて、その歴史を簡単にたどってみます。

難しいことばと一口に言っても、その内容はさまざまです。漢字が読めない、耳で聞いてわからない、日常生活の中で見たり聞いたりしたことが少ない、意味が多くて、どの意味で使われているかわからない、などいろいろあります。介護のことばの中にそうした難しいことばがたくさんあります。しかし、漢字が読めない、聞いたことがないなどは、個人によって違いますので、ここでは、難しさの基準を考えておきます。漢字のことですと、常用漢字表の中にあるかどうかです。常用漢字表にある字は、学校教育や官庁やマスコミで使う文字の日安になるものです。そうなると、常用漢字表にない漢字や、その読み方が認められていない漢字はあまり使われないから目にすることが少ない、そういう漢字を含むことばは難しいということになります。また、そのことばが一般の日常生活で見聞きするかどうかは国語辞書で判断することにします、つまりあまり特殊なことばは普通の国語辞書には載せていませんので、載っていないことばは、わからないから難しいと言えるでしょう。ただし、国語辞書と言ってもたくさんありますので、ここでは、中型の国語辞書『広辞苑』と、7万語前後の語を収録している小型の国語辞書の最新版に載っているかどうかを一応の基準と考えます。

### 三・一　手と足の名称「手掌（しゅしょう）」、「手背」、「足背」、「足底」

最初は「手掌」です。ある会議の席で、介護教育の専門家に「座るときはシュショウを下に向けて膝に置いてもらいます」と、さらっと言われて驚いたことがあります。私などには「え？シュショウ？」「下に向けて膝に置く？」「ああ手のひらのこと？」とやっと理解できた「手掌」が全く自然に出てきたからです。介護の世界では普通のことばなのかもしれませんが、私たち部外者にとっては、聞いてすぐそれとはわからない難しいことばの一つです。

## 三・一・一　現在の介護士養成テキストの「手掌」と「手のひら」

第一章の一覧表では、1．明治の看護学書と2．介護士養成テキストでは「手掌」、3．外国人用の用語集では「手掌（てのひら）」、4．国語辞典では「たなごころ」となっています。1．から2．へと伝わり、3．は2．をわかりやすくするために日常語「てのひら」を補ったもので、4．は、「てのひら」より少し古いことばです。

「手掌」や「てのひら」が、実際に、介護教育の場ではどう使われているか、介護士養成用のテキストを見てみます。

［1］介護者は一方の手の肘(ちゅう)関節で利用者の首を支え、手掌(しゅしょう)を大きく広げて肩甲骨周辺を支えます。（C7, p.111）

［2］自力だけでは異物が外に出てこない場合には、背部を手のひらにて叩打していく。（M8, p.108）

「手掌」も「手のひら」も使われています。「手掌(しゅしょう)」はルビが振ってあります。漢字は常用漢字表に含まれている漢字―表内字―には、普通はルビを振らず、常用漢字表に含まれない漢字―表外字―にはルビを振るのが一般的です。「手掌」の「掌」の漢字は表内字ですが、初出のときにはルビが振られています。読みにくい語と思われたのでしょう。

さて、例文を見ていきましょう。［1］は「手掌（しゅしょう）を大きく広げて…」となっています。

普通でしたら「手のひらを大きく広げ」というでしょうが、専門の技術を教えるテキストだから専門語を使って「手掌（しゅしょう）を大きく広げ」となるのでしょう。日本人の介護士希望者なら、「手のひら」は知っていますから、「手のひら」の専門語は「手掌」なんだな、と覚えればいいのですが、外国人介護スタッフは「手のひら」も「手掌」も初めてのことばとして習わなければなりません。漢字のない国から来た人たちにとっては本当に大きな負担になります。

さらに現場で「手のひらを大きく広げて…」ならわかりますが、「シュショウを大きく広げて…」と言われてもすぐには理解できない人が多いのではないでしょうか。「シュショウ」ときいてまず思い浮かべるのは「首相」や「主将」でしょうから「どうしてここに首相／主将が?」と混乱してしまうのではないでしょうか。「シュショウ」は耳で聞いてわかりにくいことばです。

同じ介護士養成のテキストでも［2］のように「手のひら」が使われているのもあります。「手のひらにて叩打して」というのですが、こうして「手のひら」を使うテキストもあるのをみると、介護教育の場では、「手掌」「手のひら」どちらもＯＫということなのでしょう。それなら「手のひら」にしてくださいと叫びたくなります。

## 三・一・二　国家試験問題の「手掌」と「手のひら」

国家試験の問題ではどうなっているでしょうか。介護の世界では介護福祉士の国家資格をもつことも重要です。専門職として責任も重くなりますが、キャリアを積む上で大きなステップの一つです。国家試験に合格して働き始める人もいますが、現場で働きながらその資格取得を目指す人も多いのです。そして、国家試験の問題に出るから覚えなければならないと、介護士教育の場でも、国家試験の問題や用語は大切な基準になっています。

［3］　手書き文字（手のひら書き）（第23回　問題105選択肢5）

［4］　洗髪は、シャンプー液を手掌に取り、よく泡立てた後、頭皮を指腹でマッサージするように行う。（第18回　問題88選択肢C）

のような例が見られます。

［3］では、感覚性失語症のある人とのコミュニケーションの問題の選択肢の中で「手のひら」が使われています。しかし、［4］のような問題も出されるので、受験者は「手掌」も覚えなければならないことになります。これなどは、普通は「シャンプー液を手のひらに取り」と言うと思うのですが、専門用語を覚えさせるために、「シャンプー液を手掌に取り」などとわざと「手掌」を使っているようにも読めますが、考えすぎでしょうか。

## 三・一・三　明治時代のことばを調べる資料

さて、明治時代の医療や看護の場では、このことばはどう使われていたのでしょうか。日本では、明治二〇年ごろに看護学が始まりますが、そのころの看護婦を養成する教育所などで使われていた教科書を通して、当時の看護のことばを見ていきます。

ここで、少し日本の看護婦教育の黎明期のころを振り返ってみましょう。明治一八（1885）年、高木兼寛という東京帝国大学出身の医師が、同志の仲間と始めた有志共立東京病院（2年後に東京慈恵医院と改称します）の中に看護婦教育所を開設します。高木はナイチンゲールが創設した看護婦学校のある英国セント・トーマス病院に留学して、看護婦養成の必要性を学んで帰国したばかりでした。この看護婦教育所が日本の看護教育のスタートでした。その後、東京慈恵医院の看護婦教育所になりますので、ここでの教育や教科書は『慈恵～』と呼ぶことにします。その後続々と看護婦養成の機関が立ち上がります。

- 明治一九（1886）年、同志社病院内京都看病婦学校。
- 明治一九（1886）年、桜井女学校附属看護婦養成所。
- 明治二〇（1887）年、日本赤十字社篤志看護婦人会。
- 明治二二（1889）年、帝国大学付属看病法練習科。
- 明治二三（1890）年、日本赤十字社看護婦養成所。

などです。こうした教育機関で使っていた教科書には次のようなものがありました。

1.『東京慈恵医院　看護学　上・下』（私家版　明治二〇年代使用、以下『慈恵看護学』）ナイチンゲールのHandbook of Nursingの翻訳によるもの。ルビなし。翻訳された時期は明記されていませんが、平尾・坪井（2015）によると、この教育所の第二回卒業生が後年雑誌に掲載した「看病法」と内容がほぼ一致するため、明治二〇年ごろから使われていたものとされています。

2.『日本赤十字社篤志看護婦人会看護法教程』（足立寛　日本赤十字社1887　以下『日赤看護法』）

日本赤十字社篤志看護婦人會教師
正五位勲四等足立寛講述
看護學教程
版權所有　日本赤十字社藏版

下ヲ摩擦シ或ハ濕布ヲ以テ面部ヲ拭フヘシ又病者非常ニ睡眠ヲ催シテ充分ニ醒覺セサル者ハ之ヲ嗜眠症ト名ク此症ヲ發スル片ハ速ニ醫士ニ通報スヘシ

（十三）發汗介輔

（一）汗ハ皮膚ノ汗腺ニ由テ血中ノ水分ヲ泌別シテ排出スル者ナリ而シテ之ヲ誘起スル者ハ日熱、室内ノ熱氣、勞働、神經機能亢進、内外藥用及ヒ病性機轉等是ナリ

（二）病者ノ發汗ヲ促カスニハ温湯ニ菓實ノ搾汁ヲ加フルモ可ナリ或ハ藥湯ヲ服スヘシ又外用方ニハ單ナル熱湯或ハ芥子末、灰汁若クハ食鹽ヲ加ヘタル熱湯ヲ以テ脚浴、全身浴ヲ施シ或ハ蒸氣浴、濕布纒包法ヲ行フヘシ而

図１　『日赤看護法』表紙とp.51

黎檬「ブランデー」及醋等を用ゆれは却て疼痛を發するか故
或は拭ひ、清潔にして柔なる手拭にて之を拭ひ乾かしたる後
は亞鉛花軟膏等を貼する人あれとも却て脱離し易きか故に硼
を得一日の中數回其蓐瘡部を壓迫せさる部に移し毎半時若く
を施すとを得は治癒甚だ速なり。糜爛僅かに表面に止る時は
然る時は速に痂皮を生して全瘡面を被ひ其下には直に新なる
初めて此燒灼法を施す時は患者其疼痛に堪へさることあれ
術は特別に醫師の命令あるに非ざれは看護婦は之を施すべか
（三）脫疽性蓐瘡　は甚た惡性のものにして其色黑く恰も火

図2　『普通看病学』表紙と p.59

看護の仕事の重要性を知って集まった篤志看護婦人会での講習のために、東京帝国大学教授足立寛が講述したもの、主な漢字にはルビがついています。左右にルビが振られる語もあります。（図1）

3.『日本赤十字社看護学教程』（足立寛　日本赤十字社1896 以下『日赤看護学』）2. と同じ著者のものですが、日赤が正規の教育機関として始めた看護婦養成所用のテキストでした。体の部分の名前で最初に出たときだけに、左側に日常語としてのルビがついています。次のような表記法です。

［5］（二）眉間ハ左右眉毛ノ間ニシテ鼻根ノ上部ナリ（三）顳顬トハ眉毛及ヒ眼ノ外方ヨリ耳前ニ至ルノ間ヲ云フ（p.11）

4．『普通看病学』（ドクトル佐伯理一郎訳補　吐鳳堂書店（1899））医学博士佐伯理一郎が、ウィーン大学の外科学教授であったビルロート氏の『家庭及び病院に於ける看病法』を翻訳したもので、同志社病院内京都看病婦学校を初め全国の看護学校・看護婦養成所で使われていました。難解と思われる漢語にルビが振られ、左右にルビのつく語もあります。（図2）

5．『看病の心得』（平野鐙　博文館（1896））

教科書ではないのですが、慈恵医院の看護婦教育所の初めのころ『慈恵看護学』で学んだ卒業生平野鐙が、講義を筆記したものをもとにして一般家庭人向けに書いた本です。慈恵の教育をよく引き継いでいるものとして、参照することにしました。

これから、この5冊の教科書類を中心にして、明治の看護教育の場で、現在にも伝わっている介護の用語がどのように使われてきたのかを調べていきます。これら5冊を見た後では、明治後半に刊行された一般の看病法を説く本として『通俗看病法』、『家庭日用婦女宝鑑上』（1911 以下『婦女宝鑑』）なども見ていきます。さらに、明治末期大正初期に刊行された看護婦用の字引、『看護婦の友看護日誌摘要字引』（1907 以下『看護摘要』）、『臨床看護婦宝典』（1914 以下『臨床看護婦』）、『産婆看護婦用語辞典』（1915、以下『産婆看護婦』）、『看護婦用語辞林：いろは索引』（1917、以下『看護婦用語』）なども参照します。また当時の一般の国語辞書ではどう扱われているかも調べてみることにします。

### 三・一・三・一　明治時代の看護教科書の「手掌」「手のひら」

明治期に入る前の「手掌」「手のひら」のようすをざっと見ておきましょう。一七二五年刊行の中国語学習書である『名物六帖』にはこの2語が「掌（タナコヽロ）」「手掌（テノウチ）」と和語のルビと共に示されています。日本の最古の解剖書『解体新書』（1774）の「形体名目篇図」（六ウ）には「掌」の語が示されています。明治の最初の医学辞書『医語類聚』でも、**Palmar**の訳語は「掌ノ」とされ、**Thenar**の訳語として「手掌　足蹠」が示され、やはり両方の語が使われています。「手掌」「掌」の2語については、中国の古典『広韻』に「掌ハ手掌ナリ」と書かれているところから、全く同じ意味のことばであることがわかります。

さて、明治期の看護の教科書や家庭医学書などを見ていきましょう。まず『慈恵看護学』です。

［6］　手掌の保護（p.2）

［7］（小児脳膜炎の）患者ハ睡眠中俄ニ啼泣シテ拳握　常ニ其拇指ヲ手掌ニ転シ（患者は睡眠中に急に泣き出してこぶしを握り、いつもその親指を手のひら側に折りまげて）（p.129）

［6］は節の見出しに使われています。看護婦は夜寝る前にワセリンなどを塗って手のひらを保護しなければならないと説いています。それは看護婦自身のための手の保護というより、「感覚鋭敏ナル病者ハ手ノ重サヲ受ケ又ハ湿ヒ粘リタル手ニ触ル、コトヲ厭フコト往々之アルカ故ニ（感覚の鋭い患者は看護婦の重い手を乗せられたり、湿って粘り気のある手に触れることを嫌がることがよくある）から」手のひらを保護しなければいけないのだというのです。これはナイチンゲールの教えでもあったわけです。

明治時代の学校の教科書ですから、文体は漢文調で、そこで使われることばは硬い漢語が主流でした。［7］では「手掌」ということばは「睡眠中」「啼泣」「拳握」「拇指」など漢語が多い文脈で使われています。漢語の多い文脈の中ですから漢語の「手掌」が使われるのも自然だったのでしょう。

次は『日赤看護法』です。

［8］　呼吸（こきう）ヲ測（はか）ルニハ一手掌（いっしゅしょう／かたてのてのひら）ヲ胸上（きようじやう／むねのうへ）又ハ腹上（ふくじやう／はらのうえ）ニ安（あん／あて）シ他手（たしゅ／ほかのて）ニ懐中時計（くわいちうとけい）ヲ執（と）リ（呼吸を測るには一方の手のひらを胸か腹の上にあて、もう一方の手でポケット用の小型の時計を取って）（p.48）

呼吸の測り方を教える文章ですが、「手掌」には右に読み方のルビの「しゅしょう」、左に日常語の意味の「てのひら」が振られています。その下でも「胸上」の左右に「きようじやう」と「むねのうへ」のルビがついているなど、漢語の読み方とその意味を知る上で非常に親切なルビのつけ方です。今後もこの二つのルビはたびたび出てきますので、ここで右側の読み方を示すルビを「読みルビ」、左側の日常語の意味を示すルビは「意味ルビ」、と名前をつけておきます。

文章としても左右両側にルビを振ることで、「手掌を胸上又は腹上に安し」という漢語の多い硬い文章と、「手のひらを胸の上または腹の上にあて」という日常語の多い柔らかい文章を同時に読むことができます。

この左右にルビを振る用法は、江戸時代の節用集でも見られ、例えば『蘭例節用集』（1815）には「肋骨（ろっこつ／あばら）」「冷笑（れいしやう／あざわらひ）」のように左右にルビのつく語の例が登場します。明治初期のものとしては、今野（2009: 158）にも、左右両振仮名として、明治一三（1880）年の「布告集誌」の中の「公益（こふえき／おほやけのとく）」「児童（じどう／こども）」などの例が示されていて、特に珍しい方法というわけではありませんが、明治初期、いろいろな学問がものすごい勢いで入ってきて、たくさんの新しい漢語も新聞や書籍にあふれ始めたとき、一つの教育手段としてとても効果的だったと思います。一部の知識人以外には理解できなかった漢字の語彙も、読み方と意味を同時に知らせる左右ルビによって庶民たちも理解できるようになりました。左右ルビは明治の庶民の教育啓蒙におおいに役に立ちました。

戦後、ルビは漢字知識のない子どものためにつけるもので、大人の本にルビがつくのはよほどの難しいことばか、特別な読み方をさせる場合などに限られています。読めない字があったら辞書を引くもんだということになっていますが、読めない字があったとき、辞書を引かなくてもいいルビがあればもっと助かるというような発想の転換があってもいいのではないでしょうか。漢字力が落ちたと嘆く前に、明治期のルビの使い方をもう一度学び直してみたいと思います。

ルビで脱線しましたが、次は日赤の看護婦教習所の教科書『日赤看護学』です。

［9］ 手ハ上肢ノ末端ニシテ其前膊ト連ナル処ヲ腕（テクビ）ト云ヒ手掌（テノヒラ）及ヒ手背（テノコウ）ノ二面、外縁（拇指ニ偏スル部）及ヒ内縁（季指ニ偏スル部）トヲ区別シ（手は上肢の端の前うでと接するところを手首と言い、手のひらと手の甲との二つの面、外側の親指に偏っている部分と、内側の小指に偏っている部分とを区別して）

（p.16）

［10］（異物哽塞のとき）患者ヲ俯屈セシメ心窩ニ硬枕ヲ当テ手掌ヲ以テ其背部ヲ打チ（気道が異物でふさがったときは、患者をうつぶせにし、みぞおちに硬い枕を当て、手のひらで背中を打ち）（p.422）

こちらは、日本赤十字社が正式の看護婦養成教育機関として発足させた機関で使われた教科書で、［8］のようなたくさんのルビは見られません。［9］は、体の部分の名称を教える章の文章です。上肢の先端の手の部分を「手掌（テノヒラ）」と「手背（テノコウ）」に区別すると述べています。「手掌」「手背」のような体の部分の名前には、「テノヒラ」「テノコウ」とルビがついていますが、［10］の「手掌」にはルビはありません。この教科書は、体の名称は初出のときだけルビをつけています。［10］の文章は難しい漢語が多く、文体も「〜セシメ」、「〜ヲ以テ〜ヲ打チ」のように漢文調です。こういう硬い文章ですから「手掌」は「シュショウ」と読ませていたと思われます。

次に『普通看病学』では、

［11］「ギプス」末を振り掛け更に掌を以て平等に塗り込み（「ギプス」の粉をふりかけ、手のひらで平らに塗り込み）（p.129）

と、「手掌」ではなく「掌」の語を使っています。この例文の「平等」は［8］と同じように左右にルビをつけています。『日赤看護法』と同じ扱いかたです。「掌」は漢語としての「ショウ」の読みルビはつけず、「てのひら」という意味ルビだけ左側につけています。つまりこの教科書では漢語の「掌」は認めていないことになります。また、他の箇所でも「掌」の語が使われていて、他の教科書で使われていた「手掌」の語は使われていません。

次に『看病の心得』を見てみます。

［12］肘を曲げ、手掌を胸上部に至らしめ、体温器の脱落を防ぎ（肘を曲げて、手のひらを胸に置いて体温計が落ちるのを防ぎ）（p.3）

［13］其顔色を見るには、燈火を手掌にて蔽ひながら、静かに病者に近くべし。（その顔色を見るには明かりを手のひらで覆いながら静かに患者に近づきなさい）（p.11）

この本は、漢字には全部ルビを振る総ルビの本です。「手掌」の漢字には［12］では「てのひら」、［13］では「たなこゝろ」と2種類の意味ルビが振られています。同じ本の中で、「てのひら」「たなこゝろ」とどちらも和語のルビです。「たなごころ」は二・一の図4の国語辞書の体の名称に出ていましたね。このときは、少し古いことばと言いましたが、明治の本の中では普通に使われていたことばでした。おそらく当時の人にとっては「手のひら」も「たなごころ」も同じように使われていたのでしょう。いや、もしかしたら、「たなごころ」の方が一般的であったかもしれません。同じ本の中で両方使われているのは面白いです。

教科書類の「手掌」は、「シュショウ」「手のひら」「たなごころ」と呼ばれ、「掌」は「手のひら」と呼ばれていました。

### 三・一・三・二　明治の一般書

ここでは、教科書ではなく、一般の家庭人に向けて書かれた書物を見てみます。まず、女性向けの教養書の『女学全書』のシリーズの中の『通俗看病法』を見ます。

［14］（芥子泥を塗る）布の大さは通常手掌（てのひら）位なり（芥子泥を塗る布の大きさは、普通は手のひらぐらいです）（p.44）

この本は、やや難しい漢字にはルビを振り、一度ルビを振ったら次に同じ語が出てもルビは振らないという方針をとっています。芥子泥は、芥子粉と同じ量の小麦粉をぬるま湯で溶いて泥のようにしたもので、明治時代は炎症を抑えるためによく使われました。その芥子泥を塗る布の大きさが「手（ての）掌（ひら）」ぐらいだと言っています。芥子粉を溶かして臨時の塗り薬を作るのはとても家庭的な日常的なことです。それを熱のある所に貼る布の大きさを「シュショウ」ぐらいと言っても通じなかったでしょうから、「手掌位（てのひら）」とルビが振られたのでしょう。

もう1冊『婦女宝鑑』を見てみます。

［15］（救急法で）患者（くわんじや）の股部（また）に跨（また）りて蹲（うづくま）り、両手（りやうて）の掌（てのひら）を乳部（ち）の下（した）に拇指（おやゆび）を心窩部（みづおち）につけ強（つよ）く圧（お）して（患者の股にまたがってしゃがみ、両手の手のひらを乳房の下に当て親指をみぞおちにつけて強く押さえつけ）（p.529）

この例では、［11］と同じで、漢語の「掌」に「てのひら」のルビがついています。家庭向けや女性の教養書の中では漢語「手掌」「掌」に「てのひら／たなごころ」のルビが振られ「シュショウ」は見当たりませんでした。

### 三・一・三・三　明治大正期の看護婦用字引の「手掌」

明治も末期になると、看護婦用の簡単な字引も出てきます。看護婦が職業人として社会に位置を占めるようになり、その職業を成し遂げるために、またその職業に就くために看護婦にとっても用語の知識が必要になった結果でしょう。そうした字引を見てみます。

『看護摘要』

シシヨウ　　手掌テノヒラ

『産婆看護婦』

しゆしやう（手掌）　てのひら・たなごゝろ

『看護婦用語』

【シシ】四肢（しし）　の項目の説明の中に

［16］　手（て）は上肢（じやうし）の末端（まつたん）で、手掌（しゆしやう）、手背（しゆはい）の二面（めん）があって五指（し）を有（いう）す。（手は上肢の端で、手掌と手背の二つの面があり5本の指がある）（p.197）

と記されています。また、この本の付録の「俗言集」の中に、

テノヒラ　　手掌（しゆしよう）

の例が挙げられています。「手のひら」は「手掌」の「俗言」というわけです。なお、この「俗言」ですが、「俗」は現在考えられている「卑俗・通俗的・低俗な」の意味ではなく、「世間一般」の意味で、「俗言」とは、世間で普通に使われることばの意味で使われていました。専門的な語は「手掌」だが、世間一般の日常的な語は「てのひら」だということです。

これらの字引類の中では「手掌」がどれも必要とされて採録されていますが、看護婦にとって漢語「手掌」（シショウ・シユシヨウ・シユシヤウ）の語は覚えておくべき重要な語の一つだったのです。

## 三・一・四　明治の国語辞書の「手掌」「手のひら」

さて、このことばは、一般の国語としてはどう扱われていたのでしょうか。明治時代の主な国語辞書を引いてみます。明治の中ごろの国語辞書としては、ヘボン『和英語林集成三版』（1886、以下『ヘボン』）、高橋五郎『和漢雅俗　いろは辞典』（1887、以下『いろは』）と、大槻文彦『言海』（1889）があります。さらに、少し遅れて出た落合直文『ことばの泉：日本大辞典』（1898、以下『ことばの泉』）と、この4辞書を見ていくことにします。

『ヘボン』

「SHŌ」「SHUSHŌ」「TENOHIRA」の項目はありませんが、「TANAGOKORO」の語が載っています。

TANAGOKORO　タナゴコロ　掌 n. The hollow or palm of the hand.（中略）Syn. TE NO HIRA, TANASOKO

「TE NO HIRA」と「TANASOKO」が同義語として挙げられています。「たなそこ」とも言ったんですね。「たなごころ」は「手の心」からできていますから、「たなそこ」は「手の底」ということでしょうか。

『いろは』

「手掌」、「たなごころ」、「てのうち」の3語が載っています。

しゆしやう　手掌。てのひら。たなごころ。

たなごころ　掌。てのひら。たなそこ。

てのうち　掌。たなぞこ。たなごころ。掌中。〔以下略〕

「手掌」「てのうち」「てのひら」「たなごころ」「たなそこ」「たなぞこ」「掌」が同義語ということです。「掌」の語はどう読んでいるかはわかりません。

『言海』

「てのひら」「てのうち」「てのうら」「たなごころ」「たなそこ」「たなうち」「たなうら」が載っていますが、「手掌」「掌」の見出し語はありません。

て・の・ひら　手平　タナゴコロ。テノウチ。掌‖

て・の・うち　手内（一）タナゴコロ。テノヒラ。掌‖（二）〔以下略〕

て・の・うら　手裏　タナゴコロ。テノヒラ。「―ヲ翻スガ如ク」掌‖

た・な・ごころ　掌〔手之心ノ転〕手ノ裏面（ウラ）。タナソコ。タナウチ。タナウラ。テノヒラ。

た・な・うち　手中〔手之内ノ転〕たなごころニ同ジ。

た・な・うら　手裏〔手之裏ノ転〕たなごころニ同ジ。

た・な・そこ　掌〔手之底ノ転〕たなごころニ同ジ。

『言海』には漢字に「掌‖」のように二重線がついているのがありますが、索引指南の「種種の標」に、二重線は「漢の通用字」と記されています。

この辞書では7語の同義語の6語の言い換えに「たなごころ」が使われていて、「たなごころ」が中心であることがわかります。

「てのひら」の漢字表記は「手平」、「たなごころ」の漢字表記は「掌」になっていて、「手掌」の表記は見られません。『いろは』でたくさんの同義語が出ていましたが、ここにも新しく「てのうち」「たなうら」が加わりました。

『ことばの泉』

「てのうち」「てのうら」「てのはら」「てのひら」「たなごころ」「たなぞこ」が立項されています。

て・の・うち　手内　㊀てのひら。たなごころ。〔以下略〕
て・の・うら　手裏　てのひら。たなぞこ。〔以下略〕
て・の・はら　手腹　てのひら。てのうち。
て・の・ひら　手平　てのうち。たなごころ。
たな・ごころ　掌　〔てのこころの転〕てのひら。たうら。たなそこ。和名「掌、和名太名古古呂、一云　太名曽古、手心也」
たな・ぞこ　掌。〔てのそこの転〕たなごころにおなじ。古語。

この辞書でも、「たなごころ」に和名抄の記述が引かれていて、この語が中心の扱いになっています。ここでもまた「てのはら」「たうら」という同義語が加わりました。この辞書は一〇年後に増補版が出るのですが、その『大増訂日本大辞典ことばのいづみ補遺』（1908 以下『補遺』）に漢語としての「掌」が加えられました。

しやう　掌。手のひら。たなごころ。

明治時代の国語辞書では、4辞書のうち「手掌（しゅしょう）」をのせていたのが1辞書、「掌（しょう）」を載せていたのが1辞書で、あとはこの2語に相当するたくさんの和語のバリエーションを載せていました。それにしても「手のひら」のバリエーションの多いのには驚きました。「たなごころ」「たなそこ」「たなぞこ」「てのうら」「てのうち」「てのはら」「たなうら」「たなうち」「たうら」と9語もあります。体の部分のうちでも非常に身近な目に触れやすい所だから、こんなにたくさんの同義語ができたのでしょう。それと、「ての～」から「たな～」へは音が変化しやすかったからバリエーションが多くなったと思われます。こうした和語の中では「手の心」を語源とする「たなごころ」は4辞書とも項目語として載せていますが「手の平」を語源とする「てのひら」は『ヘボン』『いろは』には立項されていませんでした。結局、明治の国語辞書ではPalmarに相当することばとしては、漢語の「手掌」「掌」は影が薄く、和語としては「たなごころ」がいちばん広まっていたようです。

### 三・一・五　「手掌」のまとめ

看護学を最初に教えた慈恵医大看護婦教育所では、「シュショウ」と音読みで教えていたと思われますが、その卒業生の著した本では「手掌（てのひら）」「手掌（たなごころ）」のルビがつけられていました。日赤の篤志婦人会用の教科書では、「手掌（しゅしょう／てのひら）」と左右のルビがついていました。日赤の看護婦養成所の教科書では初出では「手掌（しゅしょう）」とルビがつき、2度目からはルビなしでした。漢文調の文脈の教科書ではルビなしの「手掌」ですが、和語の多い文脈の一般書では漢字は「手掌」でも、「てのひら」か「たなごころ」のルビがついていました。看護婦用の字引類ではみな、漢語の「シュショウ」を教える扱いになっていました。一般の国語辞書では「手掌」「掌」は少数派で、和語の「たなごころ」が中心でした。和語の漢字表記としては「掌」「手内」「手平」「手の平」「手裏」で「手掌」は見られませんでした。だからこそ、看護婦の字引で教える必要があったとも言えます。「手掌」は一般の人とは縁がない医学看護学分野の専門語であったと言えそうです。

### 三・二　「手背」と「手の甲」

「手のひら」の呼び方を見てきたのですから、今度はその反対側の呼び方も見ておきましょう。「手の甲」というか「手背」というかです。

三・二・一　現在の「手背」と「手の甲」

まず、介護士養成のテキストを見ます。

［17］　呼びかけに反応しない場合は、手背（しゅはい）をつねって反応をみる。（C6, p.289）

［18］　腕・手に力が入らない、麻痺で自由に動かない人は少なくない。その際、［…］手背にベルトを着け使用するブラシがあり、（K8, p.63）

［19］　介護者は視覚障害者が白杖（はくじょう）を使っている場合は、白杖と反対側の手の甲に触れて合図をします。（C8, p.17）

［17］［18］で、「シュハイをつねって反応をみる」、「シュハイにベルトを着け」といわれていますが、「シュハイ?」「あ、ここのことですよ」と手の甲を指させる人がどのくらいいるでしょうか。［19］は、目の不自由な人に合図する時、杖を持っていない方の「手の甲」に触れるのだと言っています。これならよくわかります。［17］［19］は同じ出版社のテキストですが、一方では難しい「手背」を、他方では日常語の「手の甲」を使っています。どちらのことばも介護教育のテキストでＯＫということなら、「手の甲」の方にしてほしいものですね。

次は、介護福祉士国家試験の「手背」と「手の甲」です。

今までに「手背部」と「手の甲」の語が出題されています。

〔20〕ガイドヘルプの開始時には、介助者は視覚障害者に声で開始を知らせると同時に、手背部を障害者の手背部に接触させる。（第12回　問題98選択肢C）

〔21〕…Lさんは…食事以外に摂取している水分は、1日200～300mlだという。Lさんの手の甲の皮膚をつまむと、つまんだ形がそのまま残った。（第27回　問題49設問文）

〔20〕は目の不自由な人との接触で、介護士養成テキストの〔19〕と同じ場面の問題です。〔19〕は視覚障害者の「手の甲」に触れると言い、〔20〕は視覚障害者の「手背部」に接触すると言っています。テキストで「手の甲に触れる」でいいのでしたら、国家試験も「手の甲に触れる」にしてほしいと思います。〔21〕は「手の甲の皮膚をつまむ」ですが、介護テキストの〔17〕の例は、「手背をつねる」でした。合図や皮膚の張る力を見るために、介護者が「つまんだり」「つねったり」するという、非常によく似た場面のことばです。〔21〕の例をみると、〔17〕も「手背」より「手の甲」がふさわしいことがわかってきます。

### 三・二・二　明治以前の「手背」と「手の甲」

「手背」は江戸時代の中国語の学習書『名物六帖』にも次のように書かれています。

手盤（テノカフ）　郷　手背　正

つまり「手盤」という漢語は日本語の「手の甲」にあたるが、それは一般的なことばで、標準的な語は「手背」であるということです。江戸時代にも専門的なことばとして「手背」があり、日常的なことばとして「手の甲」があったことがわかります。「手背」は『解体新書』の人体図にも示されていますし、『蘭例節用集』にも「て」の人倫の部に「手背(てのうら)」として登場します。明治初期の『解剖辞書』（1875）にも、

Dorsum Manus　手背

と、Dorsum Manus の訳語として「手背」が出てきます。

江戸時代から、漢字では「手背」「手盤」と表記され、和語としては「手のこう」「手のうら」として使われてきたことばであったのです。

### 三・二・三　明治の教科書などの「手背」と「手の甲」

まず、明治期の教科書の用例を挙げてみます。

［22］温湯罨法ヲ行フニハ［…］先ツ我カ面部或ハ手背ニ当テヽ温度ヲ試ミ患部ニ貼スヘシ。（お湯で温めて炎症などを治める方法をとるときは、まずお湯を自分の顔や手の甲につけて、温度を確かめてから炎症などの場所に貼りなさい）（『日赤看護法』p.88）

［23］手ハ上肢ノ末端ニシテ其前膊ト連ナル処ヲ腕ト云ヒ手掌及ヒ手背ノ二面［…］トヲ区別シ（手は腕の一番先でその前腕につながる部分を手首と言い、手のひらと手の甲の二つの面［…］

を区別し）（『日赤看護学』p.16）

［24］　手は上肢の末端で、手掌、手背の二面があって五指を有す。（手は、腕の一番先で、手のひらと手のこうの二つの面があり、5本の指がある）（『看護婦用語』p.197）

［22］は左右にルビがついて、専門語の「しゅはい」と日常語の「てのこう」が同時に示されています。ここでは、「面部」「温度」「患部」の漢語をそれぞれ音読みする文脈では「しゅはい」、「かお」「あたたかさ」「やまいのぶぶん」と訓読みする文脈では「てのこう」と、漢語を中心とする硬い文体と、和語を中心とする日常語的なくだけた文体が並行して同時に読めるようになっています。

［23］［24］はどちらも手の部分の名前を教える文章ですが、一方は「テノコウ」、他方は「しゅはい」になっています。

　これらの例文から、看護婦の教科書や字引では、手の甲の側を指す語として「手背」と「手のこう」のどちらもが使われていたことがわかります。

### 三・二・四　明治の国語辞書

『ヘボン』には「SHUHAI」も「TENOKÔ」も項目語としてはありませんが、「Te　テ　手」の項目に「手」の追い込みの語として「手のこう」が示されています。

Te テ 手 —no kô, the back of the hand.

『言海』には、「手の甲」も「手背」もありません。

『いろは』には、

てのかふ　手甲、手脊、手盤、てのうら

と、「手の甲」の項目語があります。この言い換え語の中に「手脊」という語が記されています。「脊」は音読みはセキ、語義はセナカ、セボネなどです。読むとしたら「シュセキ」となります。ですが、「脊」は「背」とよく似ています。「背」は音読みはハイ、語義はセ、セナカ、ウシロなどです。音は違いますが、「セナカ」の意味では共通していますので、この辞書に載っている「手脊」は、「手背」と同じ体の場所を指している語と思われます。また、「手の甲」の言い換え語の一つに「手盤」があります。この語は三・二・二の江戸時代の『名物六帖』の漢語と同じです。

『ことばの泉』にも、

て・の・かふ　手甲　てのおもて。掌の反対の方。

と、「てのこう」は採録されていますが、「シュハイ」についての情報はありません。

### 三・二・五　「手背」「手の甲」のまとめ

明治時代の看護の教科書や関連の書物でこの語が使われていた例はあまり多くありません。国語辞書でも項目語として採録しているのは『いろは』と『ことばの泉』の「てのかふ」だけでした。「手背」はどの辞書にも立項はされていませんが、『いろは』の「てのかふ」の言い換え語として「手脊」が記されていたのが、「手背」に相当するものと思われます。『ヘボン』や『言海』で採録されていないのは、「手の甲」は「手」と「甲」の2語と考えることもできるせいとも思われます。

一方で、現在の介護教育や国家試験の問題にも、日常語の「手の甲」だけでなく、「手背」が使われています。この漢字は常用漢字内の文字ですので、ルビは一切振られません。「しゅはい」と振られても、すぐにはわからないかもしれませんが、明治期のように「てのこう」と振られたら、理解できる人が増えるでしょう。

現在の医学用語として『解剖学用語　改訂一三版』（2007　以下『解剖学改訂』）を見ると、

手背：てのこう

と記されています。凡例によると「同義語は「：」の後に併記した」（xix）と記されていますので、「手背」と「てのこう」は同義語とされていることがわかります。同義語なのですから、耳で聞いてわかる「てのこう」の方を使っていただきたいと心底思います。

## 三・三　「足背・足の甲」と「足蹠／足底・足の裏」

第二章の人体図で、1．では「足背」「足蹠」、2では、「足背」「足底」、3、では「足背（あしのこう）」「足底（あしのうら）」となっていたところの名称ですが、現在の介護教育や現場ではどう使われているのでしょうか。「足蹠」は第二章で見たとおり、戦後は使われなくなった用語ですのでそれ以外のことばについて、見ていきます。

### 三・三・一　現在の「足背・足の甲」と「足底・足の裏」

他の語のときと同じように、介護士養成テキストから見ていきます。

[25] 足部も足底、足背、趾（あしゆび）に分けられる。（K9, p.38）

[26] 足の指、足の甲、膝下を洗う。（M6, p.182）

[27] 介護者は座位の安定（足底が床についているか、前屈姿勢がとれているか）を確認し、カーテンを閉めることの了承を得ます。（C7, p.277）

[28] 小柄な人が座面の高いものを使うと、足の裏が床に着かないのでいきみにくくなります。（C14, p.209）

[25] は足の部分の分け方について述べていますが、ルビがついていないので「足底」の読み方は

「あしそこ」「そくてい」のどちらかわかりません。また、「足背」も「あし（の）せ」か「そくはい」かわかりません。〔26〕は足浴の手順を述べる文ですが、「足背」の日常語である「足の甲」を使っています。〔27〕と〔28〕は、同じ場面の専門語と日常語の例です。どちらも床に着く面のことを言っています。「床に着く」が和語なので、〔28〕の「足の裏が床に着かないので」の方が、〔27〕の「足底が床に着かないので」より文章としては自然です。

次は国家試験です。

〔29〕便座に座って足底を床につけた前傾姿勢は、腹圧を高めるために有効である。（第30回　問題49選択肢5）

〔30〕立位にする前に、足の裏全体が床に着いていることを確認しておく必要がある。（第15回問題91選択肢4）

この2例も〔27〕〔28〕と同じ場面の使いかたです。〔29〕の「足底」は外国人用の試験用紙には「ソクテイ」のルビがついています。〔30〕も〔29〕と同じ足の裏の面が床についているという場面で「足の裏」が使われています。同じ場面で〔29〕は「足底」、〔30〕は「足の裏」です。国家試験の用語として「足底」でも「足の裏」でもOKということなら、文章の流れの自然な「足の裏」にしてほしいと思います。「ソクテイ」では耳で聞いてすぐにはわかりません。

### 三・三・二　明治の教科書などの「足背・足の甲」と「足蹠・足の裏」

明治の医学書の類では「足背」の語は、明治初期刊行の『虞列伊氏』に、また、「足蹠」も同時期刊行の『医語類聚』に見られます。また、明治九（1876）年刊行の『解剖辞書』に **planta pedis** の訳語として「足蹠」、**planta**（zool）の訳語として「蹠」が見られます。同年刊行の子どものための啓蒙書『人体図解問答』（1876 R13オ）には「蹠」「跗」として出ています。看護の教科書などでは次のような例文の中に見られます。

［31］　足は足背、足蹠、内縁及ヒ外縁ノ四部ニ分チ五趾ヲ具フ。（足は足の甲と足の裏、内縁と外縁の4つの部分に分かれて五本の指を持つ）（『日赤看護法』**p.107**）

［32］　足は下肢の末端であって足背（アシノコウ）・足蹠（アシノウラ）二面及踵（跟骨部）とである。（足は脚の末端で足の甲、足の裏の二面とかかととである）（『看護婦用語』**pp.197-198**）

この二つの例文は足の部分を分けてその名称を教えています。［31］［32］とも、足の甲の側は「足背」、裏の側は「足蹠」と同じ漢語の名称を示しています。「足背」はどちらも専門語は「そくはい」、日常語は「足の甲」で一致していますが、「足蹠」はちょっと様子が違います。［31］では「そくせき」と「あしのひら」ですが、［32］では、「そくしょ」と「あしのうら」です。専門語の読み方も日常語の言い方も二種類ずつあるのです。どちらが正しいかは、ここだけでは言えません。言えるのは漢語の読み方もそれに対応する日常語も複数使われていたということです。

[32] は、専門語のルビはひらがな、日常語のルビはカタカナです。この出典の『看護婦用語』の凡例に「本書には、口語体を用ひて了解し易く勉めました」（p.1）と記されているところから、日常語である口語体をカタカナにすることで、より日常語であることを強調しようとしたのかもしれません。

[33]（7）足蹠の出血は後脛骨動脈の末端を指圧す（足の裏の出血には後脛骨動脈の末端を指で圧迫する）（8）足背の出血は前脛骨動脈の末端を指圧す（足の甲の出血には前脛骨動脈の末端を指で圧迫する）（『看病の心得』p.116）

[34]（病者を覚醒させておくには）足の裏及び其他、身体の各部を摩擦すへし。（足の裏やその他体のいろいろな部分を摩擦しなさい）（『通俗看病法』p.17）

[35]（卒倒者の手当として）アンモニヤ、酢等を嗅がしめ、足蹠、腋下等を刺戟すべし。（アンモニアや酢などをかがせて、足の裏やわきの下を刺激しなさい）（『婦女宝鑑』p.521）

[33] は出血したときの止め方を教えている文の中の「足蹠」「足背」です。[34] は目を覚まさせるため、[35] は卒倒した人を正気に戻すためですが、それぞれこすったり、刺激したりする所として「足の裏」と「足蹠」が出てきます。眠っている人を起こしたり、横になっている人にいたずらをして足の裏をくすぐる—子どものいたずらを思い出しますね。

[34] では、「足の裏」が「足蹠」のルビとしてではなく、「足の裏」という単独の名称として登場

します。「足の裏」は日常語ですが、「摩擦すへし」のような漢文脈の文の中でも立派に使われています。「足の裏」は決して低俗・卑俗なことばではなかったのです。

［35］のルビは、［31］と同じ「あしのひら」です。この語は「手」の部分の呼び方の一つ「手のひら」と同じ発想で生まれた語と思われます。明治時代は「あしのうら」も「あしのひら」も同じように使われていたようです。

なお、［32］で例を示した『看護婦用語』の付録の「俗言集」に、

アシノコウ　足背（そくはい）

アシノウラ　足蹠（そくせき）

と記されています。「足の甲」「足の裏」はそれぞれ「足背」「足蹠」の俗語つまり一般の日常語であるということです。ここでもう1冊の字引『産婆看護婦』も見ておきましょう。

そくはい（足背）　あしのかう

そくせき（足蹠）　あしのうら

これらの例を見ると、漢語「足蹠」の読み方は「ソクセキ」が多数派であったことがわかります。

## 三・三・三　明治の国語辞書の「足背」「足の甲」「足蹠」「足の裏」

『ヘボン』

「ASHI アシ　足」の追い込み項目として「あしのこう」と「あしのうら」が示されています。

—no kô the instep or back of the foot

—no ura, sole of the foot

「SOKUSEKI」「SOKUHAI」はありません。

『いろは』

見出し語として「あしのこう」「あしうら」が載っています。

あしのかふ　　足甲、趺、跗、足面、あしのおもて

あしうら　　蹠、跖、脚板、蹠底、脚掌、足心、脚心、あしのそこ

どちらもたくさんの言い換え語が出ています。それぞれ同義語というわけです。「あしのこう」の語釈に示される「跗」は「人体図解」に出てきましたが、「趺」は初めてです。漢和辞典の『大字典』で調べてみます。

【趺】フ　　アシ　足ノ甲　アナヒラ（以下略）　跗同字

【跗】フ　　アナヒラ　足ノカフ（以下略）　趺同字

「あなひら」という新しい語が出ていますが、『大日本』を引くと、

あな・ひら【跗】古語　足のかふ。足のひら。〔以下略〕

ということで、「足の甲」の古語ということがわかりました。

「あしうら」もたくさんの熟語や漢字が出ています。そのいくつかを見てみましょう。

【跖】セキ／シヤク　足ノウラ

【足心】ソク・シン　足のうら。蹠。

また、「脚掌」が面白いです。「あしひら」は「てのひら」と同じ発想と言いましたが、「脚掌」はまさに「手掌」の対語です。その他にもいくつか言い換えの語も示されていますが、『大字典』には「足背」も「足蹠」も出ていません。

次に『言海』と、『ことばの泉』も見ましたが、「あしうら」「あしひら」「あしのうら」「あしのこう」「あしそこ」「そくせき」「そくはい」どれも採録されていません。「あし」と「うら・甲・ひら」というごくふつうなことばとの複合語として辞書に載せる必要を感じなかったのかもしれません。そして、難しい漢語の「足背」「足蹠」は編者たちには一般の日本語として認識されていなかったのかもしれません。

### 三・三・四　「足背」「足蹠」のまとめ

いままで見てきた①「足背」②「足蹠」ということばには、漢字だけのもの、異なる漢字表記のものなどさまざまなバリエーションがありました。ここでそれをまとめてみます。

①の部分を表す漢字と読み方

「足背」「跗(アシノコウ)」「足背(そくはい/あしのこう)」「足背(アシノコウ)」「足背(そくはい)（アシノコウ）」「あしのかう」「アシノコウ」

②の部分を表す漢字と読み方

「足蹠」「蹠」「足蹠(そくせき/あしのひら)」「足蹠(アシノヒラ)」「足蹠(あしのうら)」「蹠(アシノウラ)」「足蹠(そくしょ)（アシノウラ）」「足の裏」「アシノウラ」

①は、漢字表記が「足背」と「跗」、読み方は「そくはい」と、「あしのこ（か）う」

②は、漢字表記が「足蹠」と「蹠」、読み方は「そくせき」と「そくしょ」、日常語は「あしのうら」と「あしのひら」とにまとめられます。さらに日常語としては和語の漢字表記の「足の裏」の例も見られました。

体の部分の専門語は、医学・看護学では重要な語彙であったとしても、一般の日本語としては縁遠いものであったようです。看護学の教科書で看護婦を養成するときには、専門用語「足蹠」「足背」を教育しなければならなかったのでしょうが、どちらもルビがついているので、読み方と意味はわかったわけです。それが、現在の教科書や国家試験では常用漢字表の表外字以外はルビがつきません。第一章でも述べましたが、昭和の初期に「足蹠」は漢字が難しいという理由で「足底」に変えられました。「足底」ですと、読み方は「そくてい」で意味は「あし（の）そこ」となるところですが、現在の『解剖学改訂』などでは「あしのうら」になっています。つまり、「足蹠」の日常語であった「あしのうら」を引き継いだというわけです。語の意味は、その語の漢字の意味ではなく、漢字が変えられる前の語の意味を受け継ぐというねじれ現象が起こっています。一方で国家試験の外国人用問題用紙には「足底（そくてい）」とルビが振られています。そうなると、「足底＝ソクテイ＝あしのうら」ということになり、外国人従事者は三つのことばを覚えなければならなくなります。いっそのこと「あしのうら（足の裏）」だけにならないでしょうか。

# 第四章　難しい体の名称（二）「心窩部・みぞおち」と「腋窩・腋下・脇の下」

## 四・一「心窩部・みぞおち」

「心窩部」は、第一章の4の人体図の表で、②「みぞおち」と記されている場所のことです。「最近、みぞおちのあたりが痛むようになったので検査を受けることにした」とか「みぞおちの近くを思いっきり殴られた」などとは言いますが、シンカブが痛いなどとは言いません。「シンカブ」と聞いてもすぐわかる人は少ないでしょうが、明治期の初めから医学書に出てきていて、現在の介護士養成テキストにも介護福祉士国家試験にも出されることばです。このことばが難しいのは、「心窩部」の「窩」の字が一般的に眼にする漢字ではないこと、「シンカブ」と耳で聞いてもそのことばのイメージが浮かんでこないことなどからです。

まず、「窩」の字から見ていきましょう。常用漢字表には入っていません。漢和辞典を引くと

カ【窩】①あな。くぼみ。「眼窩・腋窩」（『広辞苑第七版付録　漢字小辞典』以下『小辞典』）

と記されています。「眼窩」は眼球をおさめているくぼんだ所、「腋窩」はわきの下のくぼんだ所です。となると「心窩部」は心臓の近くのくぼんだ所ということでしょう。「窩」の意味と読み方がわかれば、「心窩部」もそれほど遠いことばではなくなるのですが、現在の日本語では常用漢字表に入っていない漢字は、日常目にすることがほとんどなくなっていますので、やはり遠いことばなのです。そうしたことばですが、介護の場では体の部分の名称として必要とされて介護士養成テキストや介護福祉士国家試験では必ず出てきます。まずテキストから見ていきましょう。

### 四・一・一　現在の「心窩部」と「みぞおち」

介護士養成テキストを見ます。

［1］　一般に、胸部中央の絞扼感（締めつけられるような感覚）、圧迫感として訴え、しばしば左腕や頸部、心窩部（みぞおち部分）へ伝わる痛みを伴います。（C11, p.148）

［2］　左上腕、肩に放散する疼痛、心窩部の不快感、息切れ、動悸などの場合、まず狭心症を疑ってみる。（K14, p.115）

［3］　特徴的な症状「みぞおち（上腹部）が痛い。食欲がない。」（M10, p.91）

［1］は、虚血性心疾患の症状を説明する文の中で「心窩部(しんかぶ)（みぞおち部分）」と、漢字にはルビをつけ、みぞおち部分のことだという補足つきで使われています。［2］はルビはついていますが、どこのあたりかということはわかりません。［3］は「心窩部」ではなく、「みぞおち（上腹部）」と、「上腹部」と言い換えられています。この3例のことばの使い方から見ると、「心窩部＝みぞおち＝上腹部」の関係で、それぞれ同義語ということになります。「上腹部」も同じ部位ということでしたら、漢字もやさしく意味もわかりやすい「上腹部」を使って表現してもらいたいものです。

次は国家試験の「心窩部」と「上腹部」です。

［4］　腹痛は心窩部に多い。（第22回　問題59選択肢4）

［5］　食後に上腹部痛が生じる。（第30回　問題74選択肢3）

国家試験では、第22回まではルビは振られないことになっていましたので、［4］はルビなしです。第23回以降は常用漢字表の表外字にはルビが振られることになっていますから　最近では難しい専門語も読むことはできるようになっています。最近の［5］では上腹部痛で、心窩部痛ではありません。心窩部と上腹部は同じ部位なので、わかりにくい心窩部をやめて「上腹部痛」にしたということになります。先の［3］と同じように、国家試験も「心窩部」をやめてわかりやすい「上腹部」の方を選んだということになりましょう。だとしたら、とても良い方向に進んでいるわけで、たいへんありがたいことです。

## 四・一・二 「みぞおち」の歴史

「心窩部」は第一章の、国語辞書の人体図で「みぞおち」と記されていたように、日常語のレベルでは「みぞおち」になります。専門語では「心窩部」、日常語では「みぞおち」というわけです。念のため「心窩（部）」と「みぞおち」を『広辞苑』第七版で調べておきます。

しん・かー クワ【心窩】胸骨正中下方、みぞおちの部分。しんわ。

みぞ・おち【鳩尾】（ミズオチの訛）胸骨の下の方、胸の中央前面の、くぼんだ所。みずおち。むなもと。

「心窩」の説明は「胸骨正中下方」と難しいです。「正中って？」とまた引かなければならなくなります。「みぞおち」の漢字が「鳩尾」であることで、また、疑問がわきます。なぜ鳩の尾と書くのでしょう。また、「みぞおち」は「みずおち」が訛ったもので、本来は「みずおち」だともわかりました。

まず、「みぞおち」がなぜ「鳩尾」と書かれるのでしょうか。『学研漢和大字典』（1988）には、

【鳩尾】キユウ（キウ）ビ ①腹と胸との間のくぼんだ部分。みぞおち。「心窩シンカ」とも。②鎧よろいの付属品の一つ。左側の高紐たかひもの上をおおう、鉄の板。

と書かれています。これで、

心窩部＝みぞおち＝鳩尾＝心窩部

と一巡したことになります。でも、「みぞおち」がなぜ「鳩尾」と書くのかはまだわかりません。『広辞苑』に戻って、「鳩尾」の音読語「きゅうび」を引いてみます。

きゅう・びキウ【鳩尾】①胸骨の下の中央のくぼんだ位置。みぞおち。はとお。②「鳩尾の板」の略。［中略］―の・いた【鳩尾の板】鎧の附属具で、射向の肩から胸の上をおおう鉄製の韋包みの板。左胸部に位置し、長方形で上端を山形とする。（図省略）

もう1冊、昭和初期に出た『新訂大言海』（1956）を引いてみます。この辞書には「はと・を」という項目があります。キュウビになる前のことばですから、謎が解けるかもしれません。

はと・を　鳩尾　きうびのいた（鳩尾の板）ニ同ジ。

とあります。それで「きうびのいた」を探します。

きうび・いた　鳩尾板　せんだんのいたノ條ヲ見ヨ。

それではと、「センダン」の方を見ます。

センダン・の・いた（名）梅檀板　鎧ノ具。右の肩ヨリ胸ニカケテ着クル物。左ニ在ルヲ鳩尾（又きうび）ト云フ。共ニ胴ノ釣ヲ切ラルルヲ防グ物ト云フ。

とあります。やっとわかりました。両方の辞書の説明を合わせると、左の胸に当てる防具のことを「鳩尾」と言い、その場所がみぞおちなので、みぞおち＝鳩尾になったのです。それでこの「鳩尾」が「みぞおち」の漢字表記として広まったのでしょう。一般の辞書ではどの辞書でも「みぞおち」の漢字としては「心窩」は使われず「鳩尾」が当てられています。明治期の辞書『ヘボン』もそうでした。

『ヘボン』で、「MIZOOCHI」を引くと「MIZUOCHI」に導かれますが、「MIZUOCHI」には次のように書かれています。

MIZU-OCHI　ミヅオチ　鳩尾　**n. The pit of the stomack**

となっています。やはり漢字表記は「鳩尾」です。英語の訳が面白いです。「胃のくぼみ」となっています。胃と心臓と違うけど大丈夫?とまた別の疑問が起こりますが、これはあとの四・一・三でじっくり考えることにします。

介護のテキストでは「心窩部」＝「みぞおち」なのですが、国語辞書では、「みぞおち」＝「鳩尾」の結びつきの方が強いのです。防具の位置と一致することで、「ミゾオチ」の漢字として防具の漢字を当てたというその結びつきです。防具の名前と当てたほうが、その位置がわかりやすかったという事情もあるでしょう。「鳩」も漢字としては常用漢字表外字ですが、鳥の名前としてよく使われる漢字なので、人々にとって「窩」よりはずっとわかりやすいでしょう。

次に「みぞおち」は「みずおち」が訛ったものとされています。また、明治時代の本では、「みづおち」「みづをち」などと記されているのが多いです。では、「みづおち」→「みぞおち」の変化はいつごろから起こったのでしょうか。そもそも、「みづおち」はいつごろからあることばなのでしょうか。ちょっと回り道になりますが「みぞおち」の由来も調べておきたいと思います。

現在国内でいちばん規模の大きい国語辞書『日本国語大辞典第二版』（以下『日国』）は「みずおち」と「みぞおち」と2語を別々に立項しています。どちらも譲れないということなのでしょう。

みぞ・おち【鳩尾】胸の中央部で、胸骨に接するへこんだ部分。［中略］心窩。みずおち。

として、一八七四年の小学読本の例と一九一一年の谷崎の例が示されています。

みず・おち【鳩尾】（水落ちの意）胸骨の下の中央のくぼんだ所。きゅうび。みぞおち。

ここで、「みずおち」の語源が「水落ち」とわかります。

こちらには、日葡辞書（1603-4）、和爾臥（1688）、真景累が淵（1898）、阿部一族（1913）の例が示されます。出典の時期からみると、「みずおち」のほうが古いようです。江戸時代の『蘭例節用集』には「鳩尾（みぞおち）」（p.120）の例が見られます。江戸時代にも「みぞおち」はすでにあったのです。

国立国語研究所の「日本語歴史コーパス」では、「鳩尾」が10件ヒットします。そのうち3件だけ振り仮名がついていますが、3件とも「みづお／をち」です。

現在の国語辞書では見出し語は次に記す『広辞苑』第七版のように「みぞおち」が中心で、「みずおち」は⇒みぞおち　として「みぞおち」へ送られています。語釈もつけられません。

みぞ・おち【鳩尾】（ミズオチの訛）胸骨の下の方、胸の中央前面の、くぼんだ所。みずおち。むなもと。

みず・おち【鳩尾】(「水落ち」の意)⇓みぞおち

ところが、『広辞苑』の初版(1955)では以下のように「みずおち」が中心でした。

みぞ・おち【鳩尾】「みずおち」の訛。

みず・おち【鳩尾】(「水落ち」の意)胸骨の下方、胸の中央前面のくぼんだ所。みぞおち。むなもと。

この「みずおち」中心の扱いは『広辞苑』第四版(1981)まで続き、第五版(1998)から現在の「みぞおち」中心へと変わったのです。

小型辞書の『三国』も見てみます。初版(1960)は、

みず・おち【水落:鳩尾】[生]胸の骨の下の中ほどのくぼんだところ。みぞおち。

みぞ・おち【:鳩尾】[生]⇓みずおち(水落ち)。

と「みずおち」が中心でしたが、第二版(1974)で、

みぞ・おち【:鳩尾】[生]胸の骨の下の中ほどの、くぼんだ所。胃のまんなかにあたる。急所の一つ。みずおち。

みず・おち【:鳩尾】[生]みぞおち。

と、「みぞおち」中心に交代しました。現在の第八版では、第二版の「くぼんだ所」が「くぼんだ部分」に代わっていますが、そのほかは同じです。

「みづ／ずおち」「みぞおち」は、室町時代は「みづおち」だったようですが、江戸時代後半ごろから「みぞおち」の言い方も混じりだし、明治期以降「みぞおち」に移行します。戦後まもなくの辞書では「みずおち」が優勢でしたが、二〇世紀末には「みぞおち」と交代しています。そのため、この本では引用以外では「みぞおち」の語で進めていきます。

### 四・一・三　明治以前の「みぞおち」

「心窩部」「みぞおち」の語は、「鳩尾者、心下陥処也（みぞおちは、心臓の下の窪んだ所なり）」として、『解体新書』にも登場します。中国語学習書の『名物六帖』には、「人中（ミソオチ）」と記載されています。また、『学語篇』にも「人中（ミソヲチ）」が出ています、中国語では「人中」という語だったようです。

前の節でも『蘭例節用集』で「鳩尾（みぞおち）」の例を見てきました。明治の医学辞書では明治六（1873）年の『医語類聚』にも、同八（1875）年の『解剖辞書』にも「心窩」の語は出ていませんが、明治一四（1881）年『独和医学字典　解剖生理学語部』（以下『解剖生理学』）に、Herzgrube の訳語として、「心窩『キウビ』」、明治一九（1886）年の『独逸医学辞典』でも同じドイツ語の訳語として「心窩、心下」が記載されています。ドイツ語の辞書の「心窩」の同義語に「キウビ」が記されているのも面白いです。やはり、みぞおち＝鳩尾が普及していたということでしょう。

## 四・一・四　明治の看護教科書の「心窩」と「みぞおち」

さて、明治の看護教科書ではどうなっているでしょうか。

[6] 上腹ハ腹前中央ノ上部ニシテ其最上部三角形ニシテ稍々凹キ処ヲ心窩ト云フ。（上腹は腹のまえ中央の上の部分で、その一番上の三角形で少しくぼんだ所を心窩という）（『日赤看護法』p.104）

[6]は人体の構造を教える章の例文です。「上腹部」の一番上の三角になっている部位が「ミゾオチ」だと言っています。[3]で心窩部＝上腹部　としましたが、ここで上腹部全部が心窩部ではないとわかりましたので、心窩部≠上腹部　と訂正しなければなりません。「心窩」には「心窩」と左右二つのルビをつけて、「しんくわ」という読みと、「みづおち」という意味を示しています。

[7] 腰湯とは臍部若くは心窩に達する迄を湯中に没するを云ふ。（腰湯とは、臍の辺りか、みぞおちぐらいまで湯の中につかることを言う）（『看病の心得』p.46）

[8] 患者の臂を曲げ両腕を心窩に貼して強圧し（患者の肘をまげて両腕をみぞおちに当てて強く押し）（『看病の心得』p.134）

[9] （腸窒扶斯は）食慾は全く欠乏し胃窩胸腹及背部四肢等に薔薇色の疹を発し（腸チブスにかかると）食欲がまったくなくなり、みぞおち・胸・腹・背中・手足などにバラ色の発疹が出て）（『看病の心得』p.85）

［7］［8］［9］は慈恵医大看護婦教育所の卒業生の平野鐙が書いた本の例文ですが、この本の中に同じ所の名称として「心窩（しんくわ）」「心窩（みづおち）」「胃窩（みずおち）」の3語が出てきます。漢語の「シンカ」も和語の「ミゾオチ」も同じように使われ、また、「心窩」も「胃窩」もどちらも「ミゾオチ」として使われています。どれか一つのことばに統一しなくちゃいけない、というような固い考えはなく、どれでもお好きなようにということらしいのです。「心窩」＝心臓の下のくぼんだ所、「胃窩」＝胃の下のくぼんだ所、というわけで体の場所は違うのですが、ルビはどちらも同じ「ミゾオチ」なので、心窩＝ミゾオチ＝胃窩となり、心窩＝胃窩となります。そうなると、前に「心窩」だけを調べた教科書でもう一度「胃窩」も調べなければならなくなります。先の『ヘボン』の「MIZU-OCHI」の英語訳も**The pit of the stomack**＝胃のくぼんだ所」でしたし。その目でもう一度『慈恵看護学』を調べてみました。すると、

［10］　胃炎ハ胃粘膜ノ焮衝ニシテ胃窩灼痛　嘔吐逆　脈搏微弱　顔面蒼白　四肢厥冷　皮膚脱汗等ノ諸徴ヲ起シ（胃炎は胃の粘膜の炎症で、みぞおちが焼けるように痛くなり、吐き戻し、脈が弱くなり、顔色は真っ青に、手足は冷える、皮膚には汗がしたたるなどの兆候を起こし）（『慈恵看護学』p.113）

という「胃窩」の使用例がありました。胃炎ではみぞおちのあたりが、焼けるように痛くて、という例文ですが、これはまさに漢語づくしの硬い硬い文章です。42文字のうち、カタカナ8文字以外は全

部漢字です。「胃窩灼痛　嘔吐逆　脉搏微弱　顔面蒼白　四肢厥冷　皮膚脱汗」と四字熟語が5句も続く壮絶な文章です。こういう教科書で看護学を習った看護婦の卵たちはずいぶん苦労したでしょう。きっと漢字の得意な優秀な人たちが集まっていたのでしょうね。それはさておき、これだけ漢語の多い文の中ですから「胃窩」も音読みで「イカ」と呼んでいたものと思われます。なお、「焮衝」も難しいことばですが「きんしょう」と読み、現在の「炎症」に当たる医学用語でした。

次に一般書を見てみましょう。

[11]（鬱症(きふさぎ)の婦女(ふぢょ)の中には）鳩尾(みづをち)より咽喉(のど)へ球(たま)の如き物が昇(のぼ)る心地すと訴(うつた)ふる者多し。（うつ病の女性の中には）みぞおちからのどにかけて、球のようなものが昇ると訴える人が多い（『通俗看病法』p.114）

[11]は「鳩尾(みづをち)」と書いています。教科書はどれも「心窩部」でしたが、看護学を学ぶわけでもない一般の読者には「鳩尾」の方がなじみがあったのだと思われます。

明治の教科書や一般の看病の本では「心窩・心窩部」、「胃窩」「鳩尾」の漢語が使われ、「シンカ」「ミゾオチ」のルビが振られていました。

### 四・一・五　看護婦用字引類

ここでは、看護婦用の字引を見てみます。

『産婆看護婦』

しんくわ（心窩） みぞをち・みづをち（鳩尾のこと）

『看護婦用語』

【シンクワブ】心窩部　みづおちの部を謂ふ。

大正に入った時期の『産婆看護婦』に「みぞをち」の語が出てきています。明治の教科書や一般医学書ではどれも「みづおち」でしたが、この辺りから訛りはじめたのかもしれません。看護婦の字引類では、見出し語に「心窩」が立てられ、その意味が、「みぞおち」になっています。「心窩・心窩部」は、看護婦や産婆にとって重要な用語だったのでしょう。日常語の「みぞおち」の方は見出し語としては採録されていません。ただ、『看護婦用語』の付録の「俗言集」に

ミゾオチ　心窩部

と出ています。この本では「シンカブ」の語釈では「みづおち」の語を使い、付録では「みぞおち」の語を使っています。同じ本の中で「みづおち／みぞおち」の二つが使われているのです。ゆれているさまがわかります。

### 四・一・六　明治の国語辞書

『ヘボン』

MIZO-OCHI　ミゾオチ　n. i.q. mizu-ochi.

MIZU-OCHI　ミズオチ　鳩尾 n, The pit of the stomach

「みぞおち」は空項目で「ミズオチ」を見よということになっていて、「みずおち」が中心になっています。漢字は「鳩尾」です。英語訳 The pit of the stomach については四・一・四で述べてきましたが、「胃のくぼみ」すなわち「胃窩」ということで、［9］と［10］のような使用例もありました。

「心窩－SHINKA, SHINKUWA」の項目はありません。

『いろは』には、次の4語が載っています。

みぞおち　鳩尾（俗に「みづおち」と云ふ）

みづおち　鳩尾（みぞおち）、心窩、心坎、下心（胸の下を云ふ）

しんくわ　心窩、みづおち

しんかん　心坎、みぞおち、みづおち

最初のことばは、見出し語としては「みぞおち」でその漢字は「鳩尾」。俗に「みづおち」と言うと書かれているので、「みぞおち」が中心です。次に「心窩」も見出し語で出ています。3番目の「心坎」も見出し語で出ています。「坎」は『小辞典』では、

【坎】カン　あな。①くぼみ。あな。［以下略］

となっていて、「窩」と同じ意味です。

「下心」も「みづおち」の言い換え語として出ていますが、この語は『大字典』では、

【下心】したごころ　かねがねのたくらみ。

と「シタゴコロ」の語義で出ていますが、「ミゾオチ」の同義語としての記述はありません。明治四二（1909）年に志田義秀らの編集した『日本類語大辞典』（以下『類語辞典』）の類語群の中には「カシン」として出ています。次のようです。

みづおち【水落】（胸と腹の間の少しへこみたるところ。）心窩（シンクワ）　心坎（シンカン）　下心（カシン）　鳩尾（キユウビ）　はとを（鳩尾）。むなもと（胸元）。むなさき（胸先）。むねおち。［俗］みぞおち（水落）

ずいぶんたくさんの類義語があるものですが、それらに対する一般のことばとして「みぞおち」が挙げられています。やはり「みぞおち」は一番日常的に使われたことばだったのです。

『言海』です。

みぞ・おち　鳩尾　みづおち

みづ・おち　水落　胸骨ノ下、五分、推セバ窪ム所。ムナモト。ミゾオチ。鳩尾　心窩

「みぞおち」「みづおち」の2語が項目として立てられていますが、「みぞおち」には語釈はなく、「みづおち」の言い換え語だけが示されて、「みづおち」が中心の扱いになっています。漢字は2語とも「鳩尾」です。「心窩」は、「みづおち」の言い換え語には出ていますが、見出し語としては立てられていません。

『ことばの泉』

みづ・おち　心窩。胸壁と腹部との界にありて、少し凹みたる部分の称。むなもと。みぞおち。鳩尾。

みぞ・おち　鳩尾。みづおちの訛。

きう・び　鳩尾。みづおちに同じ。

「心窩」は見出し語に立てられていませんが、「鳩尾」の音読みの「キュウビ」は「きうび」として出ています。ということは、「ミゾオチ」の漢字表記は「心窩」よりも「鳩尾」の方にウエイトがおかれているというわけで、「鳩尾」の方が世になじんでいたことがわかります。

## 四・一・七　「心窩・みぞおち」のまとめ

明治時代、看護学教科書では、胸の下のくぼんだ所のことは「心窩（しんくわ）」「心窩（みづおち）」「心窩（しんくわ）」「心窩」「胃窩（みずおち）」と表記されました。一般書では「心窩（みづおち）」「鳩尾（みづをち）」でした。国語辞書では「みづおち」「みぞおち」の両語が項目語として立てられましたが、『いろは』以外は「みづおち」が中心でした。その漢字には「鳩尾」が当てられていました。「心窩」の語は国語辞書では、語釈の中には出てきますが見出し語になることはまれでした。戦後の辞書では戦後まもなくは「みずおち」が中心でしたが、一九七〇年代以降は「みぞおち」に一本化されていっています。戦後の国語辞書も漢字表記は「鳩尾」に統一されています。

そうなると、介護教科書などの「心窩部」は一般の日本語とかけ離れた、特殊な狭い範囲の専門語ということになります。『解剖学改訂』には、腹の部分の部位の名称で、「心窩」はなくて「ミズオチ」だけが載せられています。医学の基本となる解剖学の用語としても「ミズオチ」が中心になっている事実を考えたら、「心窩」「心窩部」のような明治の用語は、新しい時代のことばに席を譲ってもいいのではないでしょうか。

## 四・二 「腋窩・腋下」

体温を測るとき、「体温計を脇の下にしっかりはさんでね」と言いますし、汗をかいたとき「汗かいたから脇の下もよく拭かなくちゃ」などと言いますが、第一章の人体図にあった語の「腋窩」は決して使いません。でも介護の現場では「腋窩」が必要らしいので、やはり調べてみたいと思います。「腋窩」は「腋下」とも言ったようなので、この2語と「脇の下」とを調べることにします。

### 四・二・一 「腋窩・腋下・脇の下」

介護士養成テキストには「腋窩（脇の下）」とする書き方もありますので、「脇の下」に言い換えることができると考え、「腋窩」と「脇の下・わきの下」の例を探してみます。

［12］乳房下、腋窩部（脇の下）、股部、おむつ下、片麻痺などで握ったままの手掌、貼りっ放しにした絆創膏などによって生じる場合（C11, p.187）

［13］体温計による腋窩・外耳道での体温測定（K5, p.193）

［14］指の間、脇の下、下腹部、陰部など皮膚の柔らかい部分に小さな赤いブツブツができ、（K13, p.55）

［15］仰臥位にし、浴衣を健側のわきの下の方へ引き、健側の手を入れる余裕をつくる。（M6, p.95）

［12］は股部やおむつ下のようにただれたりする所として「腋窩部（脇の下）」が出ているのですが、ルビと（ ）の補足もあって、読み方も意味もわかります。［13］は体温を測る場所のことを言っていますが、読み方も意味もわかりません。［14］［15］は日常のことばなので日本人にはわかりますが、「脇の下」と「わきの下」と表記が2種類あります。これら4例をみて気づくのは、体温を測ったり清潔にしてほしい所のことをいうのに、「腋窩部（脇の下）」「腋窩」「脇の下」「わきの下」と4種類もの書き方があるということです。習ったテキストが違うと、たとえば記録を書くときなど違う書き方になってしまうことになるのではないでしょうか。事務作業を簡単にするためにも、同じ所を指すことばがいくつもあるのは好ましくないのではないでしょうか。

続いて国家試験の「腋窩」を見てみます。

〔16〕 着替えを行ったところ、Lさんの腋窩と腹部に赤い丘疹がみられ、（第30回　問題102設問文）

〔17〕 わきの下の湿り気がなくなる。（第22回　問題85選択肢2）

〔18〕 脱水の確認方法の一つとして、腋下の湿り具合の観察がある。（第17回　問題85選択肢4）

少し前の試験には「わきの下」「腋下」などのことばも出ましたが、最近は常用漢字表の表外字にはルビを振ることが原則になったため、〔16〕のような書き方に収まっています。でも「わきの下」という日常語で出題されたこともあるのですから、やさしい方にそろえてほしかったですね。

## 四・二・二　明治の看護学などでの「腋窩・脇の下」

〔19〕 其一人ハ徐ニ病者ノ背後ニアリテ両手ヲ伸シ腋下ヨリ胸部ニ達シテ之ヲ抱キ（そのひとりはしずかに病人の後ろにいて両手をのばして脇の下から胸に回して病人を抱き）（『慈恵看護学』p.26）

〔20〕 体温を検する場処は〔…〕腋下或は股間の如き凹処に於てすべし。（体温を測る場所は〔…〕わきの下か股の間のような窪んだ所でしなさい）（『普通看病学』p.150）

〔21〕 体温ヲ測ルニハ通例腋窩ニ於テスル者ニシテ先ツ病者ノ手臂ヲ挙ゲテ体温計ヲ深ク腋窩ニ送リ（体温を測るのは一般にわきの下で行い病人の腕をあげて体温計をわきの下に深く差

し込んで）（『日赤看護法』p.45）

［19］はシーツ交換をする時などふたりで患者を抱える時の腕の位置として「腋下」が使われていますが、読み方はわかりません。［20］［21］は体温を測るときの場所のことですが、［20］は「腋下」で［21］は「腋窩」と漢字は違います。漢字では腋下＝わきの下ですし、腋窩＝わきの下の窪みです。漢字の意味は少し違いますが、読み方はどちらも「えきか・わきのした」で、指している場所が同じの同義語と言えます。

［22］腋窩ノ出血ニハ鎖骨下動脈ヲ圧迫スルヲ要ス。（わきの下の出血には鎖骨下動脈を圧迫します）（『日赤看護学』p.381）

［23］上膊上部及び腋下等の出血は鎖骨下動脈を指圧す。（にのうでの上の方やわきの下などの出血は鎖骨の下の動脈を指で圧迫する）（『看病の心得』p.116）

［22］［23］も漢字は違いますが、出血の場所として同じところを言っています。これらの例からも「腋窩」「腋下」は同義語であることがわかります。

看護婦用の字引も調べてみます。

『看護摘要』

イキカ　腋窩ワキノシタ

『臨床看護婦』

腋窩　わきのした

『産婆看護婦』

えきか（腋下）　脇のした・わきした

えきくわ（腋窩）脇したのくぼみたるところ例―動脈・―神経

『看護婦用語』

【エキクワ】腋窩　わきのしたのくぼきところのことである。此処に腋毛を生ず。

付録「俗言集」

ワキノシタ　腋窩

看護婦用の字引類でも漢字は「腋窩」「腋下」両方使われていますが、「腋窩」の方が優勢です。

『看護摘要』は「イキカ」となっていますが、この辞書の凡例には、

仮名遣ヒハ普通ノ発音ニ任セマシタ、故ニ《イノ部》ニハ「イ」「ヰ」「エ」「ヱ」ヲ組入レマシタ。（p.1）

と記されています。エンゲ（嚥下）、エソ（壊疽）も「インゲ」「イソ」と記されていて、方言の発音も考慮した字引なのです。字引もいろいろみていると、面白いことに出会います。いずれにせよ、看護婦にとって「えきか」はわかりにくいことばだったのでしょう。そのため各字引に取り上げられ、日常語の意味として「わきの下」が記されていたのです。

## 四・二・三　明治の医学辞書

教科書類も、看護婦用字引も「腋窩」と「腋下」が同じように使われていました。どちらが標準的だったのでしょうか。ここでは、明治の医学辞書を見てみることにします。

①『医語類聚』

Armpit　腋下

Axilla　腋下

2語の英語の訳として「腋下」が載せられています。

②『独逸医学辞典』

Achselgrube, Achselhöhle　腋窩

ドイツ語の訳として「腋窩」が記されています。

③『袖珍医語』

Achsel　腋、腋下

こちらの辞書では「腋下」と書かれています。

④『日独羅医語』

Ekka　腋窩　Achselgrube, Achselhöhle, Axilla

Ekka-no　腋下ノ　Axillar, Axillaris

同じAxillaの訳語として「腋窩」と「腋下」が使われています。日本語の辞書では「腋窩＝えきくわ」「腋下＝えきか」と少し仮名遣いが違います。ですが、発音上はほとんど変わらなかったはずです。日本語から引く医学辞書で「腋窩」「腋下」ともEkkaと同じローマ字表記がなされていることからもそれはわかります。

⑤『和羅独英』

Ekika　腋下　Ⓛ Axilla Ⓓ Achselhöhle Ⓔ Armpit

日本語では「Ekika」を「腋下」と書いています。

5冊の「Ekika, Ekka」の表記は「腋窩」2語、「腋下」5語でした。④のように同じ辞書の中でも両方使うのもあって、この2語は全く同じ語として使われていたことがわかります。使用頻度としては「腋下」の方がやや多かったようです。

四・二・四　国語辞書の「腋窩・わきのした」

『ヘボン』

EKIKA、WAKINOSHITA、どちらもありません。

『いろは』

わきのした　腋下、胳、胠（腕の下の凹所）

えきか　腋下、わきのした

と記されています。「わきのした」の言い換え語として「腋下、胳、胠」の3語が示されています。

念のため、「胳」、「胠」を『大字典』でしらべてみます。

【胳】カク・ギャク　①腋の下、

【胠】キヨ・コ　①オビヤカス、②ワキ、

どちらも、「わき。わきのした」の語義が記されています。

腋下＝胳＝胠が同義語であることがわかりました。この辞書で「腋」を引くと「ワキ／ワキノシタ」の語義が記され、熟語の例が記されています。その熟語群に「腋下」はありますが、「腋窩」はありません。

『言海』

この辞書にも、「えきか（腋下・腋窩）」「わきの下」は採録されていません。ただ、「わき」を見ると、その語例として「ノ下」が見当たります。

わき（名）脇―腋―掖〔両ニ別ワキノ義カ〕（一）胸の側面、肩、腕、ノ下。〔以下略〕

『ことばの泉』

「えきか」はありませんが、「わきのした」は出ています。

わき・の・した　腋下。わきつぼにおなじ。

わき・つぼ　腋壷。腋の下の、くぼみたる部分。

この辞書の一〇年後に出された『補遺』には「えきか」「えきくわ」が出ています。

えき・か　腋下。わきのした。

えき・くわ　腋窩。生理学の語。左右の腋の下の、くぼめるところ。わきつぼ。

明治末期の国語辞書に初めて「腋窩」が登場しましたが、「生理学の語」と断っています。「生理学」といえばノーベル賞のひとつは「医学生理学賞」、つまり、生理学は医学と切り離せない分野です。だから「腋窩」は医学の専門用語ということで、一般の国語辞典には載せられなかったのでしょう。また、「エキカ」の語を載せる場合も漢字は「腋下」でした。

### 四・二・五　「腋窩・腋下・わきの下」のまとめ

明治期には「腋窩（えきくわ／わきのした）」「腋窩（ワキノシタ）」「腋窩（えきくわ）」「腋窩」「腋下（わきのした）」「腋下」の表記が見られました。看護婦教育機関の教科書でも初めて出るときは意味ルビがついていましたので、読めなくてもその語の表す意味はわかりました。文字表記では「腋窩」と「腋下」と2種類の表記がありました。「腋窩」は「わきのくぼんだ所」で、「腋下」は「わきの下」ですから、語の意味は少し違っています。しかし、ラテン語や英語の訳語が「腋窩・腋下」と両方あったように、この2語は医学面では全く同じ場所を指す語として使われていました。

それが現在では「腋窩」の方が中心として使われています。「腋」も「窩」も常用漢字表表外字です。読むのも書くのも大変です。いつもルビがついているならいいですが、現在の教科書類では表外字は最初出た時だけルビがついてあとはつかないことが多いです。明治の本や看護婦用の字引に「腋窩（えきくわ／わきのした）」「腋窩（ワキノシタ）」「腋下（わきのした）」「腋窩（えきくわ）　わきのした」となっていたように、また、現在使われている『解剖学改訂』に「腋窩：わきのした」と書かれているように「わきのした」を中心のことばとすれば、わかりやすくなります。漢字の「脇の下」も常用漢字表内字です。明治時代はルビが多くつけられていたから難しい漢字のことばもなんとかなったのですが、今は常用漢字表に入っていない漢字はとても難しいのです。明治のことばの継承を考えるときは、明治時代とは漢字の環境がすっかり変わってしまったことをいつも頭に置いておく必要があるのです。

# 第五章　難しい体の名称（三）「上肢」「下肢」

日常生活では「腕が痛い」とか「足にけがをした」で話は通じます。病院に行って「腕が痛いからみてください」「足にけがをしたから手当をしてください」と言ったら「腕のどの辺?」「足のどこをけがしたの」と聞かれます。「腕」や「足」をもう少し部分に分けたことばが必要になるのです。そういう必要に応じて、人体図で示したようなことばが生まれています。医療や介護の世界では、手と腕のことを「上肢」、腿の付け根から足までを「下肢」と呼んでいます。さらに「上肢」を「上腕」「前腕」「手掌」「手背」に分けています。こうしたことばはみな漢語です。耳で聞いてもすぐにはわからないことばが多いです。この章では「上肢」と「下肢」の使われ方や歴史を見ていくことにします。

### 五・一　現在の「上肢」・「下肢」

まず、介護士養成テキストで専門用語の「上肢」「下肢」の使われている例と、日常語の「腕」「足」の例を一緒に拾ってみます。

［1］車いすは、座位姿勢で、上肢や下肢の力を駆動力として利用し、移動するものです。（C14, p.99）

［2］腕や足は心臓に向かってマッサージするように洗い（M6, p.176）

［3］洗う順番は、洗髪↓顔↓腕↓首↓胸部↓腹部↓足↓背部↓臀部↓陰部が一般的であるが（K10, p.21）

［1］は専門語の「上肢」「下肢」の例ですが、「腕や足の力を…利用し」と入れ替えても十分伝わります。むしろ「上肢や下肢の力」のほうがわざとらしくて不自然です。

一方、［2］は「腕や足は」と日常語でOKなのです。［3］は体の名称がずらりと並んでいます。ここには、専門用語と日常語が混ざり合っています。「胸部」「腹部」「背部」「臀部」のような専門用語と「顔」「腕」「首」「足」の日常語です。ここでは、「上肢」と「下肢」でなく、日常語の「腕」「足」がOKになっています。手術をするとき、けがの場所をはっきり言うとき、また筋肉などと一緒に言うときなどは「上肢」「下肢」のことばも必要になるかもしれませんが、日常のことを言う場合にはあえて専門語を使わなくてもいいのではないかと思われてきます。

次は国家試験の「上肢」「下肢」「腕」「足」です。

［4］筋肉量の減少は、下肢よりも上肢の方が顕著である。（第28回　問題70選択肢5）

［5］転倒して腕が腫れあがり変形したので、変形を正常な位置に戻して固定した。（第18回　問題85選択肢4）

［6］利用者の足に腫脹が見られたので湿布をした。（第24回　問題30選択肢1）

［4］は「筋肉量の減少」「顕著」など、専門的な語と一緒に「上肢」「下肢」が使われています。ところが、［5］［6］は「変形」「正常な位置」「腫脹」など専門的な語や漢語の中でも「腕」や「足」が使われています。専門的な硬いことばの中でも日常語が使えることを示しています。それにならうなら［4］でも、「下肢」「上肢」を「足」「腕」に置き換えて、「筋肉量が減るのは、足よりも腕の方によく目立ちます」とすることもできるのではないでしょうか。

## 五・二　明治期の「上肢」「下肢」「腕」「足」

『解体新書』では、「手者、上支也（手は、上肢なり）」、「足者、下支也（足は、下肢なり）」と記されていて、文字は違いますが現在の上肢と同じ部位のことを指しています。明治五（1872）年刊行の解剖学の本『虞列伊氏』には、「上肢」「下肢」の語とそれぞれの絵が出ていますし、その翌年刊行の『医語類聚』にもUpper Extremityの訳語として「上肢」、Lower Extremityの訳語として「下肢」が示されています。なお、この辞書には、「Arm：腕」「Elbow：肘」「Leg：脛」「Foot：足」のように、「腕」「肘」などの日常語の名称もそれぞれ載せられています。

### 五・二・一　明治の看護教科書

明治の教科書では「上肢」「下肢」はどう使われているでしょうか。

[7]　腋下ニ挿入シ其上肢ヲ少シク胸ニ向ケ前方ニ引キ能ク其球端ヲ埋没シ（わきの下に差し込んで、腕を少し胸の方に向けて前に引き、その体温計の先の丸い部分を埋めこんで）（『慈恵看護学』p.51）

[8]　必要ト認ムル場合ニ於テハ炉火ヲ点シ又下肢ヲ温暖ニス可シ。（必要な場合は、炉を燃やし又足を温めなさい）（『慈恵看護学』p.35）

[9]　四肢ハ上肢及ヒ下肢ノ二種トス而シテ上肢トハ手臂ヲ云ヒ下肢トハ足脚ヲ云フ。（手足は上肢と下肢の2種類として、上肢とは手と腕をいい、下肢とは足とすねのことを言う）（『日赤看護法』p.105）

[10]　上肢と下肢とは各々一肢つゝ包むを良とす。（手と足とはそれぞれ1本ずつ包むのがよい）

（『普通看病学』p.107）

［7］は体温計をはさむときの腕の向きを言い、［8］は早朝寒い時の看護婦の仕事として患者の足の温め方を教えています。［9］は体の部位の名称として、専門用語の「上肢」とは「手臂（しゅひ／てうで）」のこと、「下肢」とは「足脚（そくきやく／あしすね）」のことだと教えています。ここでの「てうで」と「あしすね」がどこの部分をさしているのかについては、当時の手や足の部分の言い方を調べながら考えていきます。

［10］は、看護婦が行う医療行為の一つ「湿布纏絡法」の説明の中で、手や足を温湯などで湿らせた布でくるむとき、手と足はそれぞれ1本ずつ包むのがよいという文章です。「上肢（じようし／て）」、「下肢（かし／あし）」と左右のルビをつけて、「上肢」は「じょうし・て」、「下肢」は「かし・あし」と読ませています。つまり「上肢」とは日常語の「て」のこと、「下肢」とは「あし」のことと、教えているわけです。［10］の教科書には「上下肢（じやうかし／てあし）」（p.181）「両下肢（りやうかし／りやうあし）」（p.202）のことばも使われていて「上肢」が「て」、「下肢」が「あし」であることをここでも示しています。

看護の教科書でも「上肢・下肢」ではなく、日常語を使っている例もあります。

［11］　凍死者ハ［…］手、足、唇、鼻ニ於テハ青色ヲ帯ヒ四肢強直シテ硬固トナリ（凍死者は［…］、手、足、唇、鼻が青色になり、手足全体が固くなって固まり）（『日赤看護学』p.432）

こうした「上肢」「下肢」を指す部位の名称が「手」「足」「てうで」「あしすね」「手臂」「足脚」などたくさん出てきて、いったいどの語がどの部位をさしているのか混乱してきています。この時代のこれらの名称とその指し示す部位について以下に国語辞書を見ながら整理してみます。

まず「足」と「脚」の関係です。明治期の代表的な国語辞書『言海』を見ます。

あし　足‖脚（一）動物ノ下ノ方ノ肢（エダ）ニテ、即チ地ヲ踏ミテ立チ行キスルモノ。（二）足ノ踝（クルブシ）以下ノ称。アシクビ。〔以下略〕

「あし」の漢字として、足と脚を並べています。どちらも同じということです。次に大正時代の漢和辞典の『大字典』を引いてみます。

【足】ショク・ソク　アシ

同訓異義　アシの義、足・脚の別、脚（9447）参照。

と、足と脚の違いは「脚」を参照せよと書かれていますので「脚」を見ます。

【脚】キャク・カク　アシ、ハギ、スネ

字源　もと腳とかく。もと脛（はぎ）のこと。転じて足全体の義。〔以下略〕

同訓異義　アシの義、脚・足・股・髀・腿の別。脚は字源に説く如くアシの脛也、膝の下甲の上迄をいふ。脛といへば草茎に似たるによりていひ、脚といへばすわる時却て後にあるによりていふ。足はクルブシより下也、然し手足両脚といへば広く通用の語、膝より上を股といふ、外を髀といひ内を股といふ又腿ともかくコムラは足肚又腓腸とかく。〔以下略〕

この記述を「足」「脚」の違いの部分だけを取り出すと以下のようになります。

①「足」も「脚」も「アシ」と読む。
②「脚」は本来は「脛（すね）」で膝の下　足の甲までを指す。
③「足」はクルブシから下の部分を指す。
④「手足」「両脚」という場合は足と脚は同じ意味で使う。

もう1冊、昭和初期の国語辞書『大辞典』を見ます。

アシ　足・脚㈠骨盤の下にある身体の部分。左右両肢より成り、歩行、直立等の用をなす。［中略］㈡足の踝から下の称。あしくびの略。［以下略］

結局のところ、足と脚は部分的には違う用法もあるけれど、骨盤の下にある部分の全体を指す時は、どちらも同じだということです。ですから、「足」「脚」「足脚」を「あし」と読んでもいいわけです。「あしすね」とも読めるわけです。また「足部」も「脚部」も同じ部位を指していることもわかりました。ずいぶんいろいろなことばで同じ部位を指していたのです。

さて、次は「上肢」です。「上肢」については、「手臂（しゅひ／てうで）」と言い換えられたり、「て」の読みルビがついたりしているのですが、「て」と「てうで」が同じなのか、「手臂」とはどこの部位なのか、やはり辞書で調べてみます。

『言海』

て　手（一）両肩ヨリ左右へ出デタル肢（エダ）。即チ、肩ヨリ指ニ至ル総名。［以下略］

うで　腕（一）臂（ヒヂ）と手頸（テクビ）との間。タダムキ。（二）転じて肩より手頸までの総名。手。

「手」は肩から指までを指し、「うで」は①臂と手首の間。②肩から手首まで。ということです。さらに『大字典』と『大辞典』はどうでしょうか。

『大字典』

【手】シウ　シュ　テ　テクビ、掌［以下略］

字源　肩より指先までの総称。［以下略］

同訓異義　テの義、手・掌・腕・肘・臂の別。手|は両手両足といふ如く通じて之をいふ。掌|は手心。手の中のこと。腕|は手クビ也、［…］肘|とは説文に臂節也と注す　ヒヂの折レカガミ也。

［…］臂|は肘より以上肩迄のこと。

【腕】ワン　ウデ　テクビ　カヒナ　タダムキ

字源　手頸のこと。［中略］後肘と手頸の間の義とす。［以下略］

【臂】ヒ　ヒジ　カヒナ、ウデ
　字源　肩と肘との間。一説肘と腕（てくび）との間
【肘】チウ　チユ　ヒヂ、カヒナ
　字源　臂の関節
【手臂】シュヒ　かひな。

『大辞典』

テ　手㊀［省略］㊁人間の上肢。腕と称する手根、掌と称する中手及五指よりなる。［以下略］

ウデ　腕㊀肱と手頸との間の称。ただむき。かひな。［中略］㊁転じて肩口から手頸まで全部。手。和名抄「腕、手腕也、和名太太无岐（ただむき）」

カイナ　腕（かひな）・肱㊀肩と肘（ひぢ）との間。二（に）の腕（うで）。［中略］㊁混じて、肩から手くびまでをいふ。うで。臂（ただむき）。て。［以下略］

タダムキ　腕・臂　肘より腕頸までの間。うで。たこむら。［以下略］

これらをまとめると、

①「手」は　a.肩から指先までの部分。b.てのひら。

②「腕」は、a.てくび。b.ひじと手首の間。c.肩から手首までの間。d.ただむき・かいなともいう。

③「肘」はひじの関節。
④「臂」は肘から肩の間。
となります。3辞書の記述が違っていたのは、「うで」で、『言海』と『大辞典』では「テクビ」の語釈がなく、『大字典』では「肩から手首まで」の語釈がありませんでした。五・二・一の例文の［9］の「手臂」に「てうで」と意味ルビがついていたのは「〔て〕（手＝掌）＋うで（腕＝肩から手首まで）」だったわけです。それにしても、「て・あし・うで」など気軽に使っていますが、厳密に使い分けるとなると、かなりの知識が必要になります。

「腕」は最初は手首の部分だけを言っていたのが、いつのまにか肘までになり、ついには肩までの部分を言うようになったなど、とても面白いです。もしかしたら、同じ「腕が痛い」でも、Aさんは「手首のあたり」が痛いし、Bさんは「肘の所が痛い」Cさんは「肩のあたりが痛い」のかもしれません。ことばの意味も形も変化する中で暮らしている私たちです。多かれ少なかれ、こうしたずれがある中でコミュニケーションをしているのでしょう。

ことばの歴史を見ているうちに、つい脱線してしまいましたが、もう少し「上肢」「下肢」を続けましょう。

## 五・二・二　看護婦用字引の「上肢」「下肢」

ここでは、「上肢」「下肢」が看護婦用の字引類でどう書かれているかを調べてみます。

①『看護摘要』

ジヨウシ　上肢

カシ　下肢（コシヨリシタ）

②『臨床看護婦』

上肢（じやうし）　手全体（てぜんたい）のこと。　足全体（あしぜんたい）のことは、下肢（かし）といふ。

③『産婆看護婦』

じやうし（上肢）手のこと。詳しく云へば上膊・前膊及手のことなり

かし　（下肢）四肢の下部にあるもの上腿と下腿と足とを云ふ

④『看護婦用語』

【ジヤウシ】上肢（じやうし）　手臂（しゆひ）を謂ふ

【カシ】　下肢（かし）　足脚（あし）を謂ふ

「上肢」については②の「手全体のこと」、③の「手のこと。詳しく云へば上膊・前膊及手のことなり」の説明が、「下肢」については、①の「コシヨリシタ」②の「足全体のこと」の説明が、よくわ

かります。④のように「手臂（しゅひ）を謂ふ」といわれても、現在ではもっとむずかしくなってしまいます。当時の看護学生たちにはそれでわかったのでしょうか。五・二・一で挙げた教科書の例［9］の「上肢」が「手臂（しゅひ）」で言い換えられていましたので、「手臂」は今よりずっと一般的に使われていたと思われます。明治大正期の看護婦さんたちにとっては「手臂」はきっとわかりやすいことばだったのでしょう。ともあれ、こうした字引きで、取り上げられ、簡単な語釈がつけられていることは、当時の看護婦さんたちも「上肢」「下肢」と言われてもわからない人が多くて、これらの説明が必要だったことを教えてくれています。

### 五・二・三　「下肢」と「上肢」のまとめ

看護学の教科書では、「上肢」と「下肢」が普通に使われていました。それは当時の医学界でその語が普通に使われていたからということでもあります。その一方で、教科書で日常語を使う例も見られました。

専門用語として、一般の人々の日常語ではなかったわけで、そのころの国語辞書にはどれにも載っていませんでした。看護婦用の字引にはしっかりと採録されて、ルビをつけたり、「て」「あし」などと説明されたりしてわかりやすくする工夫がされていました。看護婦にとっても、大事なきちんと覚えなければならない用語だったのです。

現在でも、「カシ」「ジョウシ」は、聞いてすぐわかる語ではありません。読む方でも、「肢」は常用漢字表内字ですからルビはつきません。明治期の人にとってよりもハードルが高くなっています。国家試験でも［5］［6］のように「足」「腕」を使っている例もあり、明治の教科書でも［11］のように日常語を使っていた例もあります。「手」「足」「腕」など日常語を使うようになったら、介護現場のことばはどんなにわかりやすくなるでしょうか。

# 第六章 「褥瘡」

## 六・一　難しいことばのシンボル、「褥瘡」

二〇〇八年、ＥＰＡ（経済連携協定）の看護・介護人材養成のプロジェクトが始まったとき、労働条件の問題と同時に、その日本語の問題が浮き彫りになりました。目の前に、看護師・介護福祉士を目指す外国人を迎え、具体的にその研修が始まり、国家試験合格という目標がはっきりしてくるにつれ、改めて日本語の壁がクローズアップされてきました。そのとき、難しい用語の例として必ずといっていいほど引き出されたのが「褥瘡」でした。このことばは、介護の現場で日常的に使われています。介護される人に褥瘡を作らないのが介護の秘訣だとまで言われています。

漢字を見ると「褥」も「瘡」もほんとに難しい。耳で聞いてもわからない人も多いです。介護の現場で、スタッフが利用者やその家族に向かって言うときは「トコズレができないように、体の向きをかえましょうね」のように、「床ずれ」の方を使っています。「床ずれ」ならわかるけれど、「ジョクソウ」はわからない人が多いです。最近の新聞では褥瘡は常用漢字表にもない難しい漢字だから「床ずれ」を多く使っています。

でも、介護士を養成するためのテキストには次のように繰り返し出てきますし、

［1］長時間の持続的圧迫が原因となり褥瘡は起こる。（M13, p.151）

［2］…末梢神経障害が出現する疾患では、長時間の圧迫によって褥瘡（じょくそう）になりやすい。（K16, p.147）

介護福祉士国家試験にも、

［3］褥瘡（じょくそう）の発生部位として、最も頻度の高いものを1つ選びなさい。（第27回　問題74設問文）

のように、必ずといっていいほど出題されることばです。介護福祉士の資格を取ろうとする人、介護現場でスタッフとして働き、記録を書く仕事もする人は知らないですますわけにはいきません。この章ではこの難しいことばがいつごろからどのように使われてきたかをたどってみます。

## 六・二　明治の看護教育のジョクソウ

「褥瘡」の源を探るために、いつものように明治二〇年代の看護婦養成の教科書から見ていきます。

この語には漢字表記も複数ありますので、引用以外では「ジョクソウ」と記すことにします。『慈恵看護学』ですぐ見つかりました。この教科書は、第一章の最初が「第一　看護婦」で始まり「第二　看護婦の容姿」と続きます。ナイチンゲールの本がそうなっているのです。その「第五十八」に「褥瘡ノ普通原因」と見出しがついて、褥瘡の原因と治療予防などが説かれています。そこには、

［4］　褥瘡ハ十中ノ九ハ看護宜シキヲ得サルニ起因スル者ナリ。（褥瘡は十中の九は看護がよくないことによって起こるものです）（p.30）

［5］　褥瘡ノ起リ易キ部分ハ［…］毎日酒精及水ヲ以テ之ヲ洗ヒ澱粉ヲ撒布シ（褥瘡の起こりやすい部分は［…］毎日アルコールと水で洗い、デンプンを振って）（p.30）

［6］　肥満シタル人及羸弱シタル人ハ重症ナラサルモ褥瘡ヲ起シ易キ者ナレハ少時間毎ニ体位ヲ変ヘ（肥満の人や体が弱っている人は、重症でなくても褥瘡を起こしやすい人だから、短時間ごとに体の向きを変えて）（p.30）

［7］　褥創ハ特ニ完全清潔ナラサル部分ニ於テ起リ易ク（褥瘡は特に完全に清潔でない部分に起り易く）（p.80）

と、［4］［7］では、「ジョクソウ」の原因を、［5］では治療法を、［6］では予防法を説いています。看護学を教え始めて早い時期から、「ジョクソウ」は看護の重要な項目として力を入れていたこ

とがわかります。こうした教科書を見ると、この難しいことば自身が、明治二十年代にはすでに医療の面ではよく使われていたらしいこともわかります。さらに、［7］のような、読み方も意味も同じで漢字の違う「褥創」ということばも見られますが、その使われ方からみて、このことばは「褥瘡」と同じ病名を示す語であると考えられます。

次に『普通看病学』、『日赤看護学』を見てみます。

［8］すべて上敷布にても襯衣にても皺（しは）を生する時は蓐瘡（じよくさう／とこずれ）の原因（げんいん／もと）となることを忘る可らず。（すべてシーツにしても肌着にしてもしわができると、蓐瘡の原因となることを忘れてはいけない）

（『普通看病学』p.46）

［9］就褥及換褥法（患者の寝かせ方とシーツ交換法）

一　患者ヲ就褥セシムルニハ先ツ褥布ノ積襞ヲ延シテ平坦ニナサヽル可ラス褥布ニ積襞アルトキハ動モスレハ之カ為ニ疼痛ヲ起シ加之ナラス褥瘡ヲ発スルノ虞アルカ故ニ（患者を寝かせるときは、まずシーツのしわをのばして平にしないで行ってはいけない。シーツに皺があるとともすればそのために痛みを起こさせることもあるし、そればかりか褥瘡を起こす危険があるから）（『日赤看護学』p.108）

［8］は「蓐瘡（じよくさう／とこずれ）」と、専門語の読みの「じょくさう」と、日常的な語の「とこずれ」と左右にルビをつけて、読みと意味を同時に教えています。そして、「ジョクソウ」の漢字は「蓐瘡」となって

います。

［9］は、ルビなしですが、「ジョクソウ」の漢字は「褥瘡」です。この文には「就褥（＝床につく）、「換褥」（＝床を変える）、「褥布」（＝シーツ）、そして「褥瘡」と、「褥」のつく熟語が4語も使われています。さらに、この3冊の教科書を調べると次のようなことばも見つかりました。

「臥褥」「衣褥」「褥衣」「褥藁」「温褥」「褥上」「褥衾」「褥傍」「褥中」「新褥」「旧褥」

「褥」のつくことばってずいぶんたくさんあるものですね。当時の看護を学ぶ人たちはこんなに多くの「褥」のつくことばに囲まれていたんです。こうした文字とことばの環境の中で学ぶ人たちにとっては、「褥」の漢字はそれほど難しい字ではなかったのかもしれませんね。

## 六・三　医学書・医学辞書の「ジョクソウ」

明治期の医学界ではこの用語はいつごろから、また、どのように使われているのでしょうか。明治の医学書・医学辞書・看護学辞書などから「ジョクソウ」の語を探して、一覧表にしてみます。

表1　医学書・医学辞書・看護学辞書の「蓐瘡」と「褥瘡」

| | 年 | 元号 | 出典　著者　発行所 | 表記 |
|---|---|---|---|---|
| ① | 1873 | 明6 | 『医語類聚』奥山虎章　名山閣 | Ectorimma, 蓐瘡 |
| ② | | 6 | 『外科摘要巻之二』竹内正信編　須原屋伊八5丁 | 蓐瘡 |
| ③ | 1875 | 8 | 『外科説約　二』石黒忠悳　島村利助27丁 | 褥瘡 |
| ④ | 1879 | 12 | 『看病要法』ウキリアム・アンデルソン　海軍医務局 p.116 | 蓐瘡 |
| ⑤ | 1881 | 14 | 『独和医学字典解剖生理学語部』奥山乕章編 | Ectrimma, 褥瘡「トコズレ」又眠瘡トモ云フ |
| ⑥ | 1886 | 19 | 『独逸医学辞典』新宮涼園等編　英蘭社 | Liegen, n（gen, -s）蓐創 |
| ⑦ | 1887 | 20 | 『東京慈恵医院看護学上・下』 | 褥瘡・褥創 |
| ⑧ | 1888 | 21 | 『皮膚病学列氏』エドムンド・レッセル　英蘭堂 p.68 | 蓐瘡 |
| ⑨ | 1889 | 22 | 『看病学』安藤義松　後藤良太郎 p.11 | 蓐瘡 |
| ⑩ | 1892 | 25 | 『通俗看病学』川上政八　南江堂 p.28 | 蓐瘡（じよくさう）（とこずれ） |
| ⑪ | 1895 | 28 | 『普通看病学』佐伯理一郎　吐鳳堂 p.46 | 褥瘡（じよくさう）（とこずれ） |
| ⑫ | 1896 | 29 | 『日赤看護学教程』足立寛　日本赤十字社 p.108 | 褥瘡 |
| ⑬ | | 29 | 『看病の心得』平野鐙　博文館 p.85 | 蓐瘡（とこずれ） |
| ⑭ | 1899 | 32 | 『看護婦派出心得』大関和　吐鳳堂 p.10 | 蓐瘡（ちよくそう） |

| | | | | |
|---|---|---|---|---|
| ⑮ | | 32 | 『家庭衛生新書』発行人岡部清之助 p.84 | 蓐瘡（とこずれ） p.84 蓐瘡（じょくそう） p.85 |
| ⑯ | 1901 | 34 | 『看護学全書』出版者　春野廉平31丁 | 褥瘡 |
| ⑰ | 1902 | 35 | 『新医学大字典』宮本叔　恩田重信編　金原医籍 | Wund-liegen 褥瘡 |
| ⑱ | 1903 | 36 | 『袖珍医語字林：独羅和訳』東京　医事新誌局 | Decubi-tal 蓐瘡ノ<br>-tus 蓐瘡<br>Wund-liegen, 褥瘡 |
| ⑲ | | 36 | 『臨床医学字典』山田弘倫　南山堂 | Bed-sore（英）褥瘡<br>Decubitus, 褥瘡 |
| ⑳ | | 36 | 『衛生顧問：家庭宝典』大木省吾　萩原新陽館 p.290 | 褥瘡（とこずれ） |
| ㉑ | 1904 | 37 | 『袖珍看護宝函』冨永勇・川村舜治　南江堂 p.9 | 褥 瘡（じょくさう） |
| ㉒ | | 37 | 『婦人宝典』大日本女学会編纂　郁文舎 p.157 | 蓐瘡（とこづれ） |
| ㉓ | 1905 | 38 | 『医語新字典：独羅和訳』興津磐・大島櫟編　吐鳳堂 | Decubitus m. 蓐瘡<br>Ectrimma, n　褥瘡 |
| ㉔ | 1906 | 39 | 『実用家庭看護法』大八木幸子編　目黒書店 p.67 | 蓐 創（目 次） 褥 創（本文） |
| ㉕ | 1908 | 41 | 『新撰看護学』清水耕一他　南江堂 | 褥瘡（じょくそう） p.80, 褥瘡（とこずれ） p.110 |
| ㉖ | | 41 | 『素人看護法新書』関東八　井上一書堂 | 褥瘡（じょくさう） p.1<br>蓐瘡（とこずれ） p.13 |
| ㉗ | | 41 | 『実地看護法』大関和（チカ）東京看護婦会 | 褥瘡 p.126<br>褥瘡（じょくさう） p.44 |

| | | | | |
|---|---|---|---|---|
| ㉘ | 1910 | 43 | 『和羅独英新医学辞典』加藤辰三郎等編　南江堂 | Jokuso, 蓐瘡 |
| ㉙ | 1911 | 44 | 『看護日誌　摘要字引　看護婦之友』四版　山上ウタ　至誠館 p.27 | 褥瘡 |
| ㉚ | | 44 | 『家庭日用婦女宝鑑』国分操子　大倉書店 p.499 | 蓐瘡 |
| ㉛ | 1914 | 大 3 | 『最新看護学』岡垣松太郎編　丸善 p.194 | 褥 瘡 |
| ㉜ | | 3 | 『臨床看護婦宝典』医学通信社編　医学通信社 | 褥瘡（トコズレのこと）p.150<br>とこずれ p.366 |
| ㉝ | 1915 | 4 | 『産婆看護婦用語辞典』長尾哲　杏誠館書房 p.83 | じよくさう（褥瘡）<br>とこずれ |
| ㉞ | 1917 | 6 | 『簡明看護学』名越義信　東京産婆看護婦養成所 p.194 | 褥瘡（とこずれ） |
| ㉟ | 1919 | 8 | 『家庭看護法』越智キヨ　六盟館 p.24 | 褥瘡 |
| ㊱ | 1923 | 12 | 『家庭に於ける諸病看護法』文化研究会編　文化研究会 p.15 | トコズレ p.15<br>褥瘡 p.18 |
| ㊲ | 1925 | 14 | 『家庭に於ける実際的看護の秘訣』　築田多吉　築田つね p.69 | 「とこずれ」は褥瘡と申します |
| ㊳ | | 14 | 『近世看護学教科書　下巻』田中武助　東京産婆看護婦学校 p.57 | 褥瘡は俗に床ずれと称し |
| ㊴ | 1926 | 15 | 『家庭医学講話』第三編　博文館 p.160 | 褥瘡　褥瘡とは俗に「床ずれ」とも称し |

この表を、漢字表記の種類・ルビの有無・言い換え語・原語との対比などの点から整理して、当時の「ジョクソウ」の情況を考えてみます。

六・三・一　「ジョクソウ」の漢字表記

「褥瘡」「蓐瘡」「蓐創」「褥創」の4種類の漢字語が使われていました。これらは、「褥」と「蓐」が違い、「瘡」と「創」が違う同音異字語です。

「褥瘡」と「蓐瘡」は、「褥」と「蓐」は後で述べますが同じ意味の字であること、また、原語 Decubitus が⑲で「褥瘡」、㉓で「蓐瘡」と訳されていることから同義語であることがわかります。「蓐創」は、⑥ Liegen の「蓐創」と⑰ Wund-liegen の「褥瘡」と同じ原語であることから「褥瘡」と同義語であること、また、「瘡」と「創」が「キズ」の意味で同じ意味の字であることから、「蓐瘡」「褥創」と同義語であることがそれぞれ明らかです。

さらに、「褥創」は、上の［7］の例文が示すとおり「褥瘡」と同じ症状の語で同義語でした。つまりこの4語は、同音異字の同義語になります。

六・三・二　ルビと「トコズレ」

六・二でも述べましたが、明治期の看護婦教育の教科書類には難しい用語にルビが振られることが多くて、教育上の配慮がなされていました。明治大正期の医学書や看護学書類を通してルビのつけ方がどう変わったかを見ていきます。②から⑧までの明治初期の医学書や翻訳書・医学辞書にはルビがありません。明治二〇年代以降の教科書・参考書にはルビがつくものが多くなり、⑩の明治二五年の『通俗看病学』には、「蓐瘡（じよくさう／とこずれ）」と左右にルビがついています。なお、すでに述べてきましたが、この「通俗」は現在理解されている「興味本位で低俗なこと」や「卑俗」の意味ではなく、「一般大衆にわかりやすく親しみやすいこと」の意味で使われています。一般向けの本だからルビが必要とされたのでしょう。その後⑪でも、同じ左右のルビがついていますが、この本は京都の同志社看病婦学校で使われた教科書です。⑬もルビがつきますが、「蓐瘡（とこずれ）」とされて、「ジヨクソウ」という漢語の読み方ではなく、「とこずれ」という日常語を示すルビがつきます。ここでは漢語の読み方よりも意味を知らせる必要があると考えられたのでしょう。その後、⑳は褥瘡（とこずれ）、㉑は褥瘡（じよくさう）と、同じ漢語に意味のルビをつけるもの、読みのルビをつけるものなどルビのつけ方もいろいろになります。

そして、㉜の大正時代の看護婦用字引では「とこずれ　褥瘡（じよくそう）」と日常語が見出し語になり、その語の専門用語がルビつきで記されるようになります。日常語は知っているが、その専門語はどうなる?と知りたい人のためです。さらに㉝では「じよくさう（褥瘡）　とこずれ」と見出し語が「ジョクソウ」でその語釈が「とこずれ」になります。こうして互いに見出し語になり、互いに説明しあうようになります。看護婦の教育では、「ジョクソウ」の語の意味を教えることと、日常語である「トコズレ」を専門語ではどう言うかを知らせることと両方向からの必要があったわけです。このことは、㊲で「「とこずれ」は褥瘡（じょくそう）と申します」と記され、㊳で「褥瘡は俗に床ずれと称し」と記されていることからも、わかります。褥瘡⇕とこずれ　の両方のことばのどちらもが看護婦教育で必要とされていたのです。

### 六・三・三　原語と訳語の関連

表の中の辞書類の原語としては　①Ectorimma、⑤Ectrimma、⑥Liegen、⑱Wund-liegen、⑲**Bed-sore**、㉓Decubitusの6語が採取できましたが、①と⑤は同じ語で、①は不要な「o」を加えるというスペルミスを犯しています。その①を除くと、5語になります。結局、ラテン語の⑤Ectrimma、ドイツ語の⑥Liegen、⑱Wund-liegen、㉓Decubitus、英語の⑲Bed-soreの5語が「ジョクソウ」に相当する原語として明治期の医学辞書に登場し、それらの訳語が示されていたというわけです。

各原語の訳語を見ると、Ectrimmaが「褥瘡」「蓐瘡」、Decubitusが「褥瘡」「蓐瘡」、Wund-liegenが「褥瘡」、Liegenが「蓐創」、英語Bed-soreが「褥瘡」、とそれぞれ違った漢語が当てられています。整理すると、訳語は「褥瘡」「蓐瘡」「蓐創」の3語が使われています。六・三・一で述べた同音で字の違う同義語で、文字遣いが統一されていなかったころの文字の状況を反映しています。

### 六・三・四　言い換え語

⑤に「Ectrimma　褥瘡「トコズレ」又眠瘡トモ云フ」と記されています。「褥瘡」は「トコズレ」とも言い、また「眠瘡」と言うという情報です。「褥瘡」に相当する和語が「とこずれ」であることは、㉖、㉚、㉜、㉝、㉞、㊱でもわかります。「褥瘡」の語を示す時にはその言い換え語の和語の情報も示しているということです。そのほかに「眠瘡」の語も同義語としてあることがわかります。これらの言い換え語については後に述べます。

### 六・三・五　「褥瘡」と「蓐瘡」の推移

国語辞書で「ジョクソウ」を引くと、どの辞書も【褥瘡・蓐瘡】と2語が併記されています。いったいどちらを使えばいいのかと迷いますが、明治大正期の「ジョクソウ」を調べた先の表1からその回答が得られます。

表を見ていくと、明治の初めは「蓐瘡」が多かったのですが、次第に「褥瘡」が加わってきています。この変化の例として、①と⑤、⑭と㉗でみることができます。つまり、①の奥山虎章(とらふみ)と⑤の奥山虎章(とらふみ)は「トラ」の漢字は違いますが同一人物で、その奥山が①では「蓐瘡」の語を使い、⑤では「褥瘡」の語を使っています。⑭㉗はどちらも大関和(ちか)の著書ですが、⑭では「蓐瘡」、㉗では「褥瘡」の漢字を使っています。ふたりとも初めは「蓐瘡」を使っていて、後になると「褥瘡」に変えています。

時代の変化に沿って表記を変えたものと思われます。明治中期後期は「蓐瘡」「褥瘡」の両方が使われていますが、明治末期になるにつれて「褥瘡」が多くなります。そして、大正期の本では「褥瘡」に統一されています。その結果が現在の「褥瘡」に続いているわけです。病名「ジョクソウ」の漢字表記は、

明治時代初期「蓐瘡」が中心―中期「褥瘡」が増えてくる―後期「蓐瘡」「褥瘡」併用―大正期「褥瘡」に統一

という流れをたどってきたのです。

## 六・四　漢和辞典の「蓐」と「褥」

「蓐瘡」が古くて「褥瘡」の方が新しいことはわかったのですが、漢字自体として「蓐」と「褥」にはどういう違いがあるのでしょうか。

大正期の漢和辞典『大字典』で「蓐」と「褥」を引いてみます。

【蓐】ジヨク／ニヨク　ムシロ／コモ／シトネ／シキモノ／シキワラ／シキグサ／アツシ

と、読み方と語義が記されます。字源は次のように記されています。

字源　古き草が枯れて新芽が軟く出づること。故に艹冠。新草の軟くて坐するに心地よき義より

転じてシトネ、シク等の義とす。一説　蓐は蔟也蔟はムシロ也。辱は音符。

新芽が出ることで、そこに座ると気持ちがいいところから、「しくもの」と「しく」の意味になったと言います。またある説には「むしろ」の意味もあるということです。そして、この字を使う7語の熟語が掲げられています。その熟語とその意味の一部を記します。（ルビは省略）

［蓐月］　うみづき。臨月。／［蓐母］　とりあげばば。産婆。／［蓐収］　秋の神。／［蓐食］　早朝寝床にありて食事をすること。／［蓐被］　布団などのうはじき。／［蓐裡］　しとねの中。蓐中。／［蓐医］　産科医。

「蓐」のつく代表的な熟語を挙げているのですが、この7語の中に「蓐瘡」はありません。

次に「褥」です。

【褥】ジヨク／ニヨク　　シトネ／シキモノ／小児の衣　蓐　同字

読み方は「蓐」と同じです。字の意味は「蓐」より少ないですが、シトネ／シキモノは同じで、「小児の衣」が違うところです。そして、「蓐」と同字と書かれているところに注目します。「褥」は「蓐」と同じと言っています。ということは、「蓐」が先にあって、「褥」はそれと同じということで、つまり、漢字の誕生としては「蓐」の方が先ということです。

次に、「字義」とは記されていませんが、この字の説明がなされています。

シトネ、故に衣扁、辱は音符。シキモノの義。［以下略］

そして、熟語の例が4語示されます。

［褥月］ うみづき。臨月。／［褥児］ 蒲団の異称。／［褥食］ 朝早く食事をすること。蓐食。／［褥席］ しとね。

やはり「褥瘡」はありません。

ここで、この2字のまとめをしておきます。「蓐」は草が枯れて新芽が出ること、それにすわるのが心地よいことから「しとね・敷く」になったこと、「褥」は衣偏だから「しきもの」の意味、とそれぞれの違いがあることが記されています。また、「褥」の語釈の最後に「蓐同字」とされていることから「蓐」の方が先にできた字であることがわかります。

字の意味の違いは「蓐」が草冠、「褥」が衣偏であることから、当然の違いともいえます。本来は別の文字ですが、熟語が作られるときには、音が同じで、意味が似ているところから同じ病名を表す語が「蓐瘡／褥瘡」と、両方の漢字で示されることになったと思われます。このことは、『大字典』に提示されている熟語として、「蓐月／褥月」、「蓐食／褥食」と同じ両方の漢字を使って同じ意味の熟語が作られていることからも言えます。これらの熟語を使ったり作ったりした人にとっては、この二つの漢字は同じ意味の字と捉えられていたのでしょう。

もう1冊、大正期の漢和辞典『大漢和辞典』（1925）を見てみます。

【蓐】漢ジョク 呉ニヨク ①しとね。（しきものの総称。）茵席。②こも。むしろ。薦席。

［蓐月］ジョクゲツ うみづき。臨月。

［蓐瘡］ジョクサウ 久しく病床にあるために蓐につく皮膚にできるおでき。とこずれ。

［蓐食］ジョクショク 朝早く出立する時などにねどこにあつて食事をすますこと。

【褥】漢ジョク 呉ニク しとね。しきもの。ふとん。（蓐に通じ用ゐる）。茵藉。

この辞書でも、「褥」は「蓐に通じ用ゐる」と記されて、やはり「蓐」が先にあったことがわかります。「蓐」の漢字を使う熟語の例として「蓐瘡」が出ていますが、「褥」のつく熟語の例は示されず、「褥瘡」「褥創」の例も見当たりません。

大正期の漢和辞典では、「蓐」と「褥」とでは、「蓐」の方が古い字であること、「蓐瘡」と「褥瘡」とでは、「蓐瘡」は採録されているが、「褥瘡」は採録されていないことがわかりました。医学・看護学では明治の終わりごろから「褥瘡」が中心になっていましたが、漢和辞典では「蓐瘡」の認知度の方が高かったようです。

## 六・五　江戸時代の「ジョクソウ」

医学・看護用語として「ジョクソウ」は明治の初めから広く使われてきたことがわかりましたが、

「ジョクソウ」は江戸時代にも使われていたのでしょうか。

江戸時代の『大全早引節用集』（1827）には「と四」の部に「眠瘡（とこづめ）　眠瘡（ミンサウ）」と出ていて、漢語の「眠瘡」の語があり、その語が和語の「とこづめ」と一致する語であることがわかります。中国語学習書である『名物六帖』には「眠瘡（トコスレ）」（第四帖、人事箋五）が載っています。中国語の「眠瘡」に相当する日本語は「トコズレ」だということです。もう1冊の学習書『学語篇』（1772）でも、身体類の項目に、「眠瘡（トコヅレ）」（巻上37）として載せられています。江戸時代の書籍では、和語の「トコズレ」に相当する語は「蓐瘡」ではなく「眠瘡」なのです。そして、「眠瘡」の和語として示されるのが「トコヅメ」「トコズレ」であることから、「トコヅメ」は「トコズレ」と同義語であることもわかります。

## 六・六　明治の国語辞書

今までの明治大正期の「ジョクソウ」調査の中では、「眠瘡」はありましたが「とこづめ」の語は見当たりません。「とこずれ」と「とこづめ」の使われ方の変化や、「眠瘡」の語がどう使われていたのかは、国語辞書の領域になります。ここで改めて、「眠瘡」を含む、「ジョクソウ」の明治大正期の国語辞書での扱いを見ていくことにします。

『ヘボン』

和英の部には、「ジョクソウ」は立項されていませんが、和語の「トコズレ」は立項されています。また「トコヅメ」も採録されています。

TOKOZURE トコズレ　牀蓐　n. A bed-sore.

TOKOZUME トコヅメ　n. A bed-sore: —ga okireba shinu.

「トコヅメ」には、「とこづめが起きれば死ぬ」という例文も出ていて、この病気が深刻なものだと考えられていたことがわかります。英語として bed-sore と記されているので、同じ辞書の英和の部で英語の訳もみてみます。

BEDSORE　n. Tokozume

となっています。bed-sore が、医学辞書では「褥瘡」と訳され、日本語辞典では「トコヅメ」と訳されているのは興味深いです。ここに専門用語と一般語の違いがはっきりと表れています。『ヘボン』は、「トコズレ」と「トコヅメ」では「トコヅメ」の方に重点を置いてます。語の意味としては、

とこづめ＝とこずれ＝ bed-sore

を同じとして考えています。

『いろは』

この辞書にも、「ジョクソウ」の語は載っていません。

「トコヅレ」と「トコヅメ」は第1冊に出ています。

とこづめ（名）眠瘡、破䐃（長く病に臥て胸腹の床に当る所が爛れる事）、とこづれ

とこづれ（名）眠瘡、とこづめ

と、記され、「とこづれ」「とこづめ」の言い換え語として「眠瘡」が示されています。また、「トコヅメ」の言い換え語には「眠瘡」と「破䐃」が示されています。「とこづれ」と「とこづめ」とでは、「とこづめ」のほうで詳しい語釈を載せ、

とこづめ＝とこづれ＝眠瘡＝破䐃

を同義語としています。同じ著者の『いろは辞典：漢英対照』（1888）では、

とこづめ（名）眠瘡。破䐃（長く病に臥て胸腹の床に当る所が爛れる事）。**Bed-sore**

と、英語の**Bed-sore**が示され、

とこづめ＝眠瘡＝破䐃＝**Bed-sore**

の関係が示されます。なお、『漢英対照』の方には「トコズレ」の語は採録されていません。『いろは』では、「とこづめ」「とこづれ」に相当する漢語は「眠瘡」と「破䐃」です。「破䐃」は新しく出てきた語ですが、あとで述べます。

『言海』

こちらの見出し語にも、「トコズレ・トコヅメ」はありますが、「ジョクソウ」はありません。

とこ・ずれ　床擦　久シク病床ニアリテ肩、腰、臀ナド擦レ傷ミテ、其部ノ生機ヲ失ヒテ発スル瘡。トコヅメ。蓐瘡　眠瘡

とこ・づめ〔病床ニ寐詰メタル意カ〕とこずれニ同ジ。

「とこずれ」の言い換え語として「トコヅメ」が記され、その後に漢語の言い換え語として「蓐瘡眠瘡」が記されています。ここで初めて、国語辞書に「蓐瘡」が現れます。『いろは』と同じように「眠瘡」も示されます。しかし、この2語は見出し語としては載せられていません。『言海』の編者大槻文彦は「トコズレ」に相当する漢語が「蓐瘡」と「眠瘡」であることを認めていたのですが、見出し語として載せるほど重要な語とは考えていなかったのでしょう。また、「トコズレ」に語釈を詳しく載せ、「トコヅメ」を「とこずれニ同ジ」としているところから、この2語では「トコズレ」に重点をおいていることがわかります。『言海』では、

とこずれ＝とこづめ＝蓐瘡＝眠瘡

を同義語と考えていたのです。

『ことばの泉』

とこ・ずれ　床擦。病人の久しく臥しゐて、栄養の不足なるがために、身体の中、主に、床につきたる局部の、自然に、擦れ傷みて、化膿せるもの。とこづめ。蓐瘡。

とこ・づめ　蓐瘡。とこずれにおなじ。新六「うちたえてさのみふすゐのとこづめにかるもののみ

だれくちやはてなむ」（新六とは、『新撰六帖題和歌』（1243–1244）のこと）

やはり、「ジョクソウ」は「とこずれ」の言い換え語として示されるだけで、見出し語としては立項されていないのですが、別の漢語で「蓐傷」ということばが見出し語にあるのがみつかりました。

じよく・しやう　蓐傷。とこずれにおなじ。

『ことばの泉』では、「とこづめ」の漢字表記に「蓐瘡」が使われ、また、「とこずれ」の言い換え語として「蓐傷」が示されています。この辞書では、

とこずれ＝とこづめ＝蓐瘡＝蓐傷

を同義語と考えていることがわかります。

## 明治時代の類義語辞典

ここで、「ミゾオチ」の類義語のところで参照した類義語辞典を見てみます。

明治四二年には、アルファベット順やいろは順に並べた国語辞書とは違って、いくつかの類語を集めて説明する『日本類語大辞典』（以下『類語辞典』）が刊行されています。この辞典の「トコズレ」は次のように記されています。

とこづれ【床擦】名（病人の久しく就床したるため局部すれて化膿せしもの）。眠瘡（ミンサウ）　褥瘡（ジヨクサウ）　破胭（ハエン）　蓐傷（ジヨクシヤウ）。とこづめ（床詰）。

と、「トコズレ」の類語が5語示されます。編者志田義秀らの考える明治時代の「ジョクソウ」に関することばがすべて拾い出されたことになります。この類語群の3番目に出ている「破胭（ハエン）」は初めてでてきたことばなので、『大字典』、『漢和大辞林』、『新編漢語辞林』、『明治漢語字典』など明治大正期の漢和辞典を調べてみましたが、どの辞書にも出ていません。字形が似ているところから『いろは』で、

　とこづめ（名）眠瘡、破䐃（長く病に臥て胸腹の床に当る所が爛るる事）とこづれ

と記されていた「破䐃」との混同ではないかと推測されます。

そこで「破䐃」を調べてみます。漢和辞書では「破䐃」では出てこないので「䐃」を調べてみると、三省堂の『漢和大字典一一版』（1909）では次のように記されています。

　【䐃】キン・グン
　①腹腸中の脂、あぶら。［以下略］
　②肘又は膝の後の肉塊、にくのかたまり。一説に腹中の胎、こぶくろ。［素問］「脱レ肉　破レ䐃」。

「䐃」の読み方と意味と、中国最古の医書である［素問］の用例が示されています。「脱レ肉　破レ䐃」が「破䐃」の語の出典ということです。医書で、「肉を脱し、䐃を破り」というのは、ジョクソウの症状を指していると理解できます。やはり「破胭」ではなく「破䐃」だったと思われます。

## 六・七　明治期国語辞書のまとめ

ここで、「ジョクソウ」についての明治の国語辞書・類語辞書の説明をまとめてみます。

①「ジョクソウ」の語を見出し語にしている国語辞書はない。

②「ジョクソウ」と同義語の「トコズレ」「トコズメ」はどの辞書も採録している。

③「トコズレ」と「トコズメ」では、『ヘボン』と『いろは』は「トコズメ」が中心、『言海』と『ことばの泉』は「トコズレ」が中心になっている。

④「蓐瘡」は、『言海』で、「トコズレ」の言い換え語として提示されている。

⑤「蓐瘡」は、『ことばの泉』で、「トコズメ」の漢字表記として示される。

⑥「眠瘡」の語は、『いろは』では「トコズメ」の、『言海』では「トコズレ」のそれぞれ言い換え語として、また、『類語辞典』では「トコズレ」の類語として示される。

⑦「蓐傷」の語は『ことばの泉』で「トコズレ」と同じとして載せられ、『類語辞典』では「トコズレ」の類語として示されている。

⑧『いろは』には、「トコズメ」の言い換え語として「破胭」の語が提示され、『類語辞典』には「破胭」との混同と思われる「破胭(ハエン)」が類語として示されている。

⑨漢字表記は国語辞書は「蓐瘡」で、『類語辞典』では「褥瘡」になっている。

以上を「ジョクソウ」の側から、まとめてみます。

⑩「ジョクソウ」の漢字表記は、「蓐瘡」と「褥瘡」が使われていた。

⑪「ジョクソウ」の漢語の類語としては、「蓐瘡」「蓐傷」「眠瘡」「褥瘡」「褥創」「破腘」があった。

⑫「ジョクソウ」に相当する和語として「トコズレ」「トコズメ」があった。

## 六・八　まとめ

明治以降、いや江戸時代も含めると、長く床に就いていて圧迫を受けた個所が障害を受けるという病気の呼び方は「トコズレ・トコヅメ・ジョクソウ＝褥瘡・蓐瘡・褥創、ジョクショウ＝蓐傷、ミンソウ＝眠瘡、ハキン＝破腘」と、実にたくさんありました。これらの中で「ジョクソウ」が医療看護の分野で正式な語として使われて現在の介護にまで続いています。そして今、介護用語の中の難しいことばのシンボルとして介護の仕事についている人、つこうとしている人を悩ませています。

このことばの明治時代の使われ方を見てきて、現在とは違ういろいろな点がはっきりしてきました。明治期は看護や医学の専門書以外の本ではルビと一緒に使われ、読者もそれほど困らずに読んだり理解したりできました。また「褥瘡」の「褥」の字は、看護の場では「褥月」「褥母」「褥布」「換褥」

「就褥」など、たくさんのことばの中で使われてきました。「褥瘡」が特にむずかしいことばということではなかったのです。また、看護教育の中では「ジョクソウ」と「トコズレ」が表裏をなす語として同時に教えられてきました。

現在の漢字のあり方として、明治時代と大きく違う点として常用漢字表の制定があります。明治のころは当用漢字や常用漢字と言った漢字の枠はなく、漢字の使い方に対する制約は全くありませんでした。戦後になって漢字の使い方に枠が作られ、「当用漢字」を経て「常用漢字表」が作られているわけですが、この漢字表に「褥」も「瘡」も入っていません。それもあって、最近では「褥月」「褥母」「褥布」のようなことばを眼にすることはありません。先に六・二で明治期の看護教科書に出ている「褥」のつく熟語を15語挙げましたが、その中で『新明解』第八版『岩国』第八版など現在の小型国語辞書に載っている語は「褥瘡」と「就褥」の2語だけでした。「褥瘡」が現在難しいことばの代表的な存在になっている理由もわかります。こうした難しくて厄介なことばを、漢字を持たない国から来ている外国人にも覚えてもらうというのは、ほんとうに酷なことを強いていることにならないでしょうか。

# 第七章　「仰臥位」「側臥位」「腹臥位」

腰痛の家族の診察に付き添ったことがあります。診察を始めようとした六十代の男性の医師は「ちょっと拝見しますから、ここに腹臥位になってください」と、さらりと言いました。わたしは少し介護のことばを勉強し始めていましたので、「あ、こういう時に言うんだ」と納得しながら聞いていましたが、診てもらう当人はどうしていいのかわからず一瞬ためらっていました。すぐ、そばにいた看護師さんが「ここにうつぶせになってくださいね」と助け舟を出してくれました。

介護の世界では、上を向いたり、横になったりして寝ている姿勢を、それぞれ次のように漢語で表現しています。「仰臥位」（＝あおむけに寝ること）、「側臥位」（＝横向きに寝ること）、「腹臥位」（＝うつぶせに寝ること）と言うのです。六十代の医師は患者に「腹臥位になって」と指示しましたが、若い医師や、介護の現場の人たちだったらおそらくそうは言わないでしょう。介護の場では利用者に「背中を拭きますから、腹臥位になってください」とは言わず、「背中を拭きますから、うつぶせになってください」と言っています。「ギョウガイになって」「フクガイで」と言われても、言われた方は戸惑うばかりです。ところが、介護士スタッフが記録するときは「○○さん腹臥位で介助」のように書いているのです。

## 七・一　現在の「仰臥位」「腹臥位」「側臥位」

いくつかの老人ホームの介護記録を研究以外に決して使わないと約束して、見せてもらいました。本書の刊行は研究の一環です。

［1］患部の圧迫、摩擦防止し悪化予防徹底する。夜間や臥床時は側臥位をクッションなどで工夫し保持する。（D有料老人ホーム）

［2］体動時は、右手に注意して下さい。又、右側臥位時、向かせすぎない様に注意して下さい。少し浅目で大丈夫です。（F特養）

［3］経管は仰臥位で流します。そのあとのオムツ交換左右体交して下さい。（R特養）

「側臥位」が「右側臥位」という新しいことばを作り、さらに「右側臥位時」にまで広がって漢語の続く硬い表現を生んでいます。

それにしても、「患部の圧迫、摩擦防止し悪化予防徹底する」など、介護記録は難しいことばが使われています。漢語の多い硬い文章です。こういう文章の中だから「側臥位」だの「仰臥位」だの、硬いことばが求められるのでしょう。いや、逆かもしれません。「仰臥位」や「側臥位」などの語が選ばれるから、その他の語彙もそれに応じて硬い語彙が選ばれるということになるのかもしれません。いつもこんな難しいことばで記録を書いているとしたら、介護士さんたちは本当に大変です。頭が下がります。こういう記録を書く介護スタッフは、その前に「仰臥位」の語について、また記録の書き方について教育を受けているはずです。その教育を知るために、次は介護士養成のためのテキストを見ることにします。

介護士養成テキストの「仰臥位」「腹臥位」「側臥位」

［4］　仰臥位での食事は避けるなど、食事時の体位を工夫する。（M4, p.217）

［5］　ベッド上でとる体位には、仰臥位、側臥位、腹臥位、長座位、半座位（ファーラー位）、起座位などがありますが（図3―17）、いずれも同一体位を長時間続けることは苦痛となります。

（C7, p.139　図省略）

テキストのあちらこちらにこうした寝たときの姿勢（「臥位」と言います）に関する用語は出てきます。この「臥位」の「臥」は「臥す、寝る」の意味ですが、常用漢字表外字で、日常では目にすることが少ない漢字です。表外字には普通はルビを振りますが、それも初出に振られることが多いので、

［4］も［5］もルビはありません。［5］は図が示されていますので、そのことばの意味はわかりますが、読み方はわかりません。

教育の場はまた国家資格取得とも結びついています。そうなると介護福祉士国家試験の内容やレベルも想定した教育が必要ということになります。国家試験の方では、教育の結果をテストするといい、教育の側は国家試験合格を目標とするというわけで、この両者は切り離せません。では、最近の国家試験ではこれらの用語はどうなっているでしょうか。

介護福祉士国家試験の「仰臥位」「側臥位」「腹臥位」

［6］仰臥位（ぎょうがい）から側臥位（そくがい）への体位変換を控える。（第30回　問題111選択肢5）

［7］右片麻痺（みぎかたまひ）の利用者を仰臥位（ぎょうがい）から左側臥位（ひだりそくがい）にする場合の体位変換の方法として、最も適切なものを1つ選びなさい。（第29回　問題45設問文）

臥位を示すことばは毎年のように国家試験に出されています。「臥」の字は先にも述べたように、常用漢字表外字ですので、毎回毎字にルビが振られます。読むには困りませんが、「ギョウガイから ソクガイへのタイイヘンカンをひかえる」といわれても、耳から聞いただけでは何のことかよくわからないでしょう。しかし、こうした難しいことばが専門用語として現場で使われている以上、外国人にも覚えてもらわなければならなくなります。なぜこんな難しいことばが使われるようになったのか、やはり、明治時代にさかのぼって調べてみます。

## 七・二　明治時代の「仰臥」「側臥」「腹臥」

明治の看護婦たちが習った看護の教科書や、家庭医学書などから「仰臥位」「側臥位」などの語を拾い出してみます。漢字は同じでもルビの違うもの、また、同じ語形でなくても、「仰臥する」「側臥させる」などの動詞や、「仰臥或ハ側臥等」のように使われる名詞、また「臥位」や、「側臥」と同じ語形ではないけれど意味として同じ「横臥」なども拾ってみます。

［8］　病者ハ横臥《をうぐわ／よこにねる》スルモ亦仰臥《ぎやうぐわ／あをむけにねる》スルモ其意ニ任セ（病人が横向きに寝るのも、あおむけに寝るのも本人の意思に任せて）（『日赤看護法』p.9）

［9］　此時ハ病者ヲ側臥《そくぐわ／よこにねる》シテ微《すこ》シク膝《ひざ》ヲ屈曲《くつきよく／まげる》セシメ（この時は病人を横向きに寝させて少し膝を曲げさせて）（『日赤看護法』p.46）

［10］　患者ハ俯臥《ふぐわ／うつむきにねる》セシメ腹部《ふくぶ》ニ枕《まくら》ヲ当《あ》テヽ稍々《やゝ》頭首《づしゆ／かしら》ヲ低《ひく》クシ（患者はうつむきに寝させて、腹の所に枕を当てて少し頭を低くし）（『日赤看護法』p.212）

［11］　衰弱《すいじやく》甚だしきため寝反《ねがへり》すること能はず従て久しく仰臥《ぎやうぐわ／あをむきにねる》し背部《はいぶ／せなか》の温熱《あたゝかさ》に堪《た》へざるものあり、斯かる患者は注意《ちゆい ママ／きをつける》して時々其位置《ゐち》を側臥《そくぐわ／よこにねる》に直し（衰弱がひどくて寝返りをうてず、長い間仰

向きに寝て背中の熱さに我慢できない病人がいる、こうした患者には注意してときどきその位置を横向きにかえるようにして）（『普通看病学』p.48）

［12］ 男子なれば平たく仰臥せしめて（男子であれば平らに上向きにねかせて（『普通看病学』p.85）

［13］ 胃部を下にして伏臥せしめ頭を寝台の縁より出し（胃の部分を下にしてうつぶせにならせ頭をベッドの縁から出して）（『普通看病学』p.105）

［14］ 次に来るへき重要の事件は**患者の臥位**なり。患者の呼吸に異常なき間は水平に仰臥せしめて差支なしと雖も［…］此蓐瘡は腸窒扶斯に続発すること最も多きか故に患者は決して久しく仰臥のみに止めず、或時は左側臥に、或時は右側臥に又或時は半腹臥若くは全腹臥（即ち腹を下にして臥さしむる法）に変換すべし。（次の大事なことは患者の寝かたです。患者の呼吸に異常がない間は平らに上向きに寝かせて差し支えないけれども［…］この蓐瘡は腸チフスに続いて起こることが一番多いから、患者を決して長くあおむけにしておかないで、ある時は左横向きに、ある時は右横向きに、またある時は半分うつぶせか全部うつぶせに（つまり腹を下にした寝させ方）に体位を変えなさい）（『普通看病学』pp.164–165）

［15］ 介者は直に湿衣を去りて患者を俯臥させしめ（介護者はすぐ濡れた衣服を脱がせ患者をうつぶせに寝かせ）（『看病の心得』p.125）

[16] ○臥位(ねすがた)のこと(仰臥(あふのけ)、左臥(ひだりした)、右臥(みぎした)など)(『婦人宝典』p.154)

[17] 始終(しじう)背部(せなか)を下(した)にして臥(ふ)せしめず、時々(ときぐ)側臥(かたね)を為(な)さしむる時(とき)は(いつも背中を下にして寝させるようなことはせず、ときどき横向きに寝させるときは)(『婦女宝鑑』p.509)

こうして明治の教科書や家庭医学書などから取り出した例文をもとにして、明治期の寝た時の姿勢—臥位—を示すことばの様子を見ていきます。「仰臥」「側臥」「腹臥」の順にみていきます。動作をわかりやすくするため(上向き)(横向き)(下向き)の語も使います。また当時の仮名遣いは統一されていませんので、引用する時以外は、現代仮名遣いにそろえて記します。

「仰臥」(上向き)

次のような「仰臥」の例を拾うことができました。

仰臥(ぎやうぐわ/あをむけにねる)スル[8]、仰臥(ぎやうぐわ/あをむきにねる)し[11]、仰臥(ぎやうぐわ/うへむきにねる)せしめ[12]、仰臥(けうぐわ/あふむきにねる)[14]、仰臥(あふのけ)[16]

読み方は「ギョウガ」で、動詞形「仰臥する」と、名詞形「仰臥」で使われ、日常語の意味としては、「あおむけにねる」「あおむきにねる」「あふむきにねる」「うえむきにねる」「あおのけ」の5種類がみられます。「あおむけに寝る/あおむきに寝る」は現代語でも両方あります。現代の国語辞書でも「仰向く」「仰向ける」がありますから、両方ともあるわけです。ですが、現代人には「あおむきに寝る」よりも「上向きに寝る」の方がわかりやすいかもしれません。少なくとも日本語学習途上の外国人には「上向き」のほうがよくわかるでしょう。［16］の「あおのけ」も気になります。『ヘボン』でAONOKUを引くと、

AONOKI,-KU アヲノク i.v.The same as *aomuku*

と記されていて、「あおむく」と同じとわかります。

医師から「患者を仰臥させよ」と言われた看護婦は「あおむきにねさせる」ことと理解して指示に従ったのでしょう。「仰臥」は動作を示すことばだったのです。

「側臥」「横臥」（横向き）

横臥（をうぐわ／よこにねる）スル［8］、側臥（そくぐわ／よこにねる）シテ［9］、側臥（そくぐわ／よこにねる）［11］、左側臥（さそくぐわ／ひだりしたにねる）、右側臥（うそくぐわ／みぎしたにねる）［14］、左臥（ひだりした）、右臥（みぎした）［16］、側臥（かたね）［17］

「横臥」と「側臥」は読みルビは違いますが、意味ルビでは同じで、どちらも「よこにねる」です。現在使われているのは［1］［5］［6］のように「側臥」のほうです。「側臥」は造語力も強くて、左側臥（さそくぐわ／ひだりしたにねる）、右側臥（うそくぐわ／みぎしたにねる）のような新しいことばも生んでいます。これは現在の介護記録の［2］に受け継がれています。国家試験の［7］にも出されていましたが、ここでは「ひだりそくがい」のルビがついています。「サソクガイ」よりはわかりやすくなったと言えましょう。ただし、明治期の使い方は「側

臥して」「側臥に直す」のように動作を示す動詞や名詞で、「側臥位」のような臥位の名称を示す用法はありませんでした。

さらに「左側臥（さそくぐわ／ひだりしたにねる）」は「左臥（ひだりした）」、「右側臥（うそくぐわ／みぎしたにねる）」は「右臥（みぎした）」と略された使い方もあったことがわかりました。寝る時の位置を言うことばなので、それがどちらの方向かわかればよかったのでしょう。また「側臥」は「かたね」と呼ぶ言い方もあったのです。

「伏臥」「俯臥」「腹臥」（下向き）

俯臥（ふぐわ／うつむきにねる）セシメ［10］、伏臥（ふくぐわ／ふさる）せしめ［13］、半腹臥（はんぷくぐわ）・全腹臥（ぜんぷくぐわ）［14］、俯臥（うつむきにねか）させ［15］

どれも下向きに寝る動作を表すことばですが、ひとつひとつの漢字の意味は違って、「伏臥」は「伏せる」、「俯臥」は「うつむきになる」という動作からできたことばで、「腹臥」は、寝て下の面につく場所が「腹」であることを示すことばです。また、「伏臥」と「腹臥」は「ふくが」という読み方は同じですが、「俯臥」は読み方は違います。それぞれことばの意味は違いますが、寝るときの体の向きとしては同じで、介護用語としては同義語です。「腹臥」はまた、「半腹臥（はんぷくぐわ）」「全腹臥（ぜんぷくぐわ）」のような新しいことばも生んでいます。

「臥位」

臥位［14］、臥位［16］

現在の介護の用語では「臥位」ですが、耳で聞く場合は「ねすがた」「ねよう」の方がわかりやすいです。

ここまで、明治期の教科書や家庭の看病法などの本で寝る位置についての3語を見てきました。「臥位」の語は見られましたが、現在使われている「仰臥位」「側臥位」などの語は見られませんでした。これらの語彙の登場は次の大正期までまつことになります。

### 七・三　大正時代の「臥位」を表すことば

動作として使われていた「仰臥」などが、現在の「仰臥位」のような位置を示すことばに変化したのはいつごろなのかを知るために、大正時代の看護の教科書や医学書を見てみます。大正期には按摩・マッサージの術も伝わってきていますので、その方面の教科書も見ることにします。

［18］　直に患者を仰臥せしめ（すぐに、患者を仰向きに寝かせ）（『最新看護学』1914 p.277）

［19］　横臥の位置に於ける按摩法（横向きに寝た位置での按摩法）（『家庭按摩読本』1926 p.3）

［20］　患者の体位　（2）仰臥位　前頭部、胸部、腹部の手術の時。（3）側臥位　側頭部、側胸部、側腹部の手術の時。（4）腹臥位　背部の手術の時（『近世看護学　下』pp.345–347）

［21］ 仰臥位に於ける足部のマッサージ（「フィンランド式スポート・マッサージ」p.18）

大正期の教科書では左右のルビのものは見当たりませんでしたが、［18］［19］のように読みルビがつくものはありました。これらは「仰臥（ぎやうぐわ）」「横臥（おうぐわ）」のように漢語の読み方を示すもので、「あおむけ」「よこになる」などの日常の意味のルビではありません。それだけ、「仰臥」「横臥」などの漢語の意味がわかるようになってきたのかもしれません。さらに、［20］［21］などは、ルビもつけられていません。ルビなしの教科書ということですが、明治期にもルビなしの教科書はありましたから、特に異常というわけではありません。念のためですが、明治期と大正期の看護学教科書類で比べると、

| | 明治期は11冊中 | 大正期は12冊中 |
|---|---|---|
| ルビあり | 8冊 | 6冊 |
| ルビなし | 3冊 | 6冊 |

でした。大正期はルビなしの本が増えているようです。しかも残念なことに、左右にルビのつく本は見当たらなくなっています。

そして、［20］以降には、明治には見られなかった「仰臥位」「側臥位」など寝る位置—臥位—の名称を表すことばが見られるようになります。

「仰臥位」などの語の成り立ちですが、［19］の「横臥（おうぐわ）の位置（いち）に於（おい）て」がヒントになりそうです。「横臥の位置」の句です。二つの熟語が「の」で結びついている時、「の」が落ちて4字の熟語になる

ことがよくあります。「文明の開化」⇒「文明開化」、「学校の制度」⇒「学校制度」のようにです。この4字熟語はまた、その一部が略されて3字熟語になることも多いです。「学校制度」⇒「学校制」のようにです。そうした変化が「横臥の位置」にも起こったのではないでしょうか。「横臥の位置」↓「横臥位置」↓「横臥位」という変化です。

もう一つの考え方は「横の臥位」「腹（が下）の臥位」のような造語法です。これも可能ですが、それまで「横臥する」「腹臥して」と2字熟語で使われてきたことを考えると「横臥の位置」↓「横臥位」、「仰臥する位置」↓「仰臥位」の造語と考えるほうが自然だと思われます。「仰臥」「伏臥」などは、もとは「仰臥する」「伏臥して」と動作をあらわす語ですが、患者を看護しているうちにその動作の位置や姿勢を言う必要が出てきて、「横臥位」「仰臥位」などのことばが生まれたのではないでしょうか。

［20］［21］では、個々の位置の違いを示すことに眼目があります。つまりその位置の名称になっていて、それぞれの位置の違いを言うことが中心です。ここではもう上向きにするとか横向きにするとかの具体的な動作を示す語として使われているのではありません。大正時代になってこうした用法が出てきたのです。

念のため、大正期の看護婦用の字引などを見て、これらの語彙を確かめておきましょう。

## 七・四　大正時代の看護婦用字引の「臥位」を表すことば

『臨床看護婦』

この本の最後の章は「医用語及看護日誌用語一覧」となっているので、その一覧の中から臥位を表す語を拾い出してみます。

仰臥（ぎようぐわ）　あほむきに眠（ねむ）ること
横臥位（わうぐわゐ）　横向（よこむ）きに眠（ねむ）ること
側臥（そくぐわ）　横（よこ）むきにねること
背臥位（はいぐわゐ）　うつぶして眠（ねむ）ること
俯臥（ふぐわ）　うつぶして眠（ねむ）ること

寝る動作と位置を示す語が5語収められています。この5語のうち「仰臥」「側臥」「俯臥」は寝る動作、「横臥位」「背臥位」は寝る位置の名称です。しかし、語義としては5語とも「〜に眠ること」と共通の説明が記されていて区別がありません。「〜位」のつく語とつかない語の意味の上での違いについては記されていないのです。また、なぜ、2語だけ「〜位」にして、他の語は動作を表す語にしたのかその違いもわかりません。

また、この本には今まで出てこなかった「背臥位」の語が示されています。語義は「俯臥」と同じ「うつぶして眠る」と記されます。この一覧の語彙では、横向きに寝る「横臥」と「側臥」、下向きに寝る「背臥」と「俯臥」のそれぞれ同義語が載せられています。

『産婆看護婦』

ぎようぐゆ(ママ)〔仰臥〕あをにねること

ぎようぐわい〔仰臥位〕手術のときなどにあをにねるいち

そくぐわ〔側臥〕よこにねること

そくぐわい〔側臥位〕同上の位置

ふくぐわ〔伏臥〕ふすこと・ねること・いぬること

わうぐわ〔横臥〕よこにねること

寝る動作を表す語として「仰臥」「側臥」「横臥」「伏臥」の4語が示され、そのうち「仰臥」「側臥」だけは、寝る位置を表す「仰臥位」「側臥位」も載せられています。この辞典では、「〜位」の語には「ぎようぐわい〔仰臥位〕手術のときなどにあをにねるいち」「そくぐわい〔側臥位〕同上の位置」のように、語釈に「いち」「位置」とはっきり示して、「〜位」のない語と意味を区別しています。また、下向きの動作の語としては「伏臥」が取り上げられていて、今まで見てきた「俯臥」、「腹臥」

の語は取り入れられていません。

『看護婦用語』

【ギヤウグワヰ】仰臥位　あほむきにねること。「臥位」を見よ。

【ソクグワ】側臥　横むきに臥ること。「臥位」を見よ。

【オウグワイ】横臥位　横むきに臥るを謂ふ。「臥位」を見よ。

【フグワ】俯臥　うつぶしにねること。

【ハイグワヰ】背臥位　俯伏に臥ることを謂ふ。「臥位」を見よ。

【グワヰ】臥位　患者の臥る位置で仰臥位、背臥位、横臥位（側臥位）の如きである。各其部を見よ。

この字引には、寝る動作を表す「側臥」「俯臥」と、寝る位置を表す「仰臥位」「横臥位」「背臥位」が載せられています。「～位」のつく語とつかない語とに語義の違いはありません。ここでは横に寝る「横臥」と「側臥」、下向きに寝る「俯臥」と「背臥」がそれぞれ同義語として載せられています。

「臥位」の項目で「仰臥位、背臥位、横臥位（側臥位）」と三つの臥位が列挙されています。

ここで、「横臥位（側臥位）」の「側臥位」が気になります。横臥位の補足の形で「側臥位」が示されているのですが、なぜ「側臥位（そくがい）」でなく、「側臥位（かはがい）」なのでしょう。「側」をあえて訓読みにして湯桶読みにしているのはなぜなのでしょうか。

ところで、「背臥位」は要注意です。「背臥位」は、大正期の看護婦用字引では、「俯伏（うつぶし）に臥（ね）る」つまり背を上にしてうつぶせになる「腹臥位」「伏臥位」「俯臥位」と同じ位置でしたが、現在では、ときとして仰臥位の同意語として使われることがあります。背を下につける、つまりつける面が「背」であるという意味で「仰臥位」の同義語として使われるのです。現在のリハビリ学会（正式には日本リハビリテーション医学会）では「背臥位」の語を使っているようです。現にわたしがぎっくり腰になって通った整形外科の作業療法士さんは、上向きに寝るように指示して「ハイガイになってください」と言いました。「背臥位」の語は、昔は「うつぶせになって背が上になる」姿勢のこと、今は「あおむけになって背が下になる」と解釈されて、ちょうど逆の姿勢を指しています。使われている時代によって同じ語の指す内容が違うことを知っておかないと、とんでもない間違いをおかしてしまいそうです。

## 七・五　「仰臥位」「側臥位」「腹臥位」のまとめ

明治期の看護学教科書や一般の医学書などで、「仰臥」「側臥」など寝る動作を示すことばは多く使われていました。しかもバリエーションが多くて現在使われている3語に落ち着くまでにいくつもの言い方があったことがわかりました。すなわち

「側臥・側臥位」と同じ動作・位置を示す「横臥・横臥位」
「腹臥・腹臥位」と同じ動作・位置を示す「伏臥・伏臥位」と「俯臥・俯臥位」と「背臥・背臥位」

のように、同じ動作や位置を示す複数の語が教科書や辞書によってそれぞれ採用されていました。これらの漢語は、明治期には、「仰臥（ぎやうぐわ／あをむけにねる）スル」「伏臥（ふくぐわ）せしめ」のように動作を示す語として使われ、多くの本にはルビがついて読み方や意味の理解を助けていました。「仰臥位」「側臥位」のように寝る位置の名称として抽象的な語になったのは大正期に入ってからでした。これらのことばが現在の介護教育や介護現場に受け継がれています。

現在の介護用語としては「仰臥位」「側臥位」などその位置を示す専門語としてだけ使われ、「仰臥する」「側臥させて」のような動詞の用法は全くありません。動作を示すときは「仰臥位にする／なる」のように使われます。「仰臥する」と「仰臥位になる」とでは、後の方は「仰臥位」が抽象的な専門用語なので、具体的動作を表す「仰臥する」よりも難しくなってしまいます。

明治時代は臥位を表す類義語もさまざまな語が使われていましたが、多くの本ではルビがついていました。ルビを見れば、「仰臥」は「あおむけになる」、「横臥」は「よこにねる」というふつうの動

作や状態をあらわすことばであると、すぐわかりました。また、当時は「臥」の漢字が普通に一般的に使われていました。

［22］　病人を臥床に就かしむる時は、成るべく安静に臥さしめ、臥床は成るべく注意して整へ（病人を床につかせるときは、できるだけ静かに寝させ、ベッドはできるだけ注意して整え）（『婦女宝鑑』p.498）

のような使われ方です。「臥」の漢字はどこにでも見られ、「ふす」ことであり、「臥床」はベッドや寝場所であると、よくわかっていました。ほかにも「臥」のつく熟語は、看護教科書の中に「臥具」「臥中」「臥褥」「安臥」「坐臥」「平臥」「起臥」「転臥」「温臥」などたくさん見られます。意味を調べなければわからないような難しい漢字ではなかったのです。

現在は全く違います。「臥」は常用漢字表の表外字ですから、ふだん目にすることはほとんどありません。そうした難しい漢字ですが、教科書でもルビは一部にしかついていません。国家試験以外ではルビは期待できないのです。また、「仰臥」や「側臥」は、現在の介護の場では、動詞・名詞として文中にはめ込んで使われることはなく、臥位を表す専門用語として単独で使われます。そうなると、「側臥位」→「右側臥位」→「右側臥位時」のように、他の漢字と結合してどんどん長い漢字語にもなっていきます。どんどん難しくなっていきます。この章の最初に述べたように、患者に「腹臥位になってください」と言ってもわかってもらえません。介護スタッフは、「腹臥位」と「うつぶせに寝る」と両方を覚えなければなりません。特に非漢字圏から来た外国人にとってはたいへん大きな負担です。明治期のように、難しい専門語の読み方のルビと日常語の意味のルビを左右につけた「仰臥位（ぎょうがい）（上向きに寝る）」のような表記法を採用するか、できるだけ「あおむけ・うつぶせ・横向き・横に寝る」のような日常語中心の使用にしてほしいと本当に願っています。

# 第八章　「湿布」「貼付」「塗布」

どこかを打って腫れたり炎症を起こしたりしたとき、どうしますか。とりあえずの処置として、湿布を貼ったりして手当てをしますね？　虫に刺されたりして、痛かったりかゆかったりしたら、どこか近くにある軟膏を塗ってみますね？　ふつうは「湿布を貼る」とか「軟膏を塗る」と言いますね？

ところが、介護の場で正式には「湿布を貼布する」「軟膏を塗布する」と言われているのです。こう言うと、「どうしてそんな難しいことばでなくちゃいけないの？　「貼付する」って何て読むの？」とたんに質問攻めにあいそうです。でも実際そうなのです。論より証拠、さっそく「湿布を貼る」という行為の言い方について、いくつかの介護記録と申し送りの資料から見てみましょう。

## 八・一　湿布をどうしますか

### 八・一・一　現在の「湿布を貼る」言い方

介護施設の介護記録の例です。

［1］　消灯時「左腹が痛いから湿布を貼って欲しい」と訴え有り。湿布貼付して様子みる。（Y特養）

［2］　体位変換で対応するも治まらない様子あり、湿布を添付し（ママ）対応す。（T特養）

［3］　○○様、右ひじ痛いとの訴えあり、湿布しています。（D特養）

［1］は、利用者に「湿布を貼って欲しい」と言われて、「湿布貼付」したというのです。利用者に言われたのと同じように「湿布を貼って様子みる」と記録するのでしたら、外国人スタッフも「貼る」という動詞だけ覚えればいいのですが、記録には「貼付」の語が使われています。「貼付」も覚えなければいけないのでしょうか。［2］では湿布を、メールで資料を送るときのように「添付」してしまっています。湿布は添えるのではなく貼るのですから、添付はまずいのではないでしょうか。

［3］は「湿布する」と動詞化した表現を使っています。

［1］の「湿布」は、炎症を抑えるために貼る「布」のことを言っていますが、［3］の「湿布」は動詞になっていて、炎症を治す処置として「湿布し」ています。これは間違いとかおかしいとかの例

ではありません。「湿布」のことばを動詞として使う例として挙げたものです。

次は介護士養成テキストの「湿布」の語の使い方の例です。

［4］捻挫や打撲は［…］氷水等で冷やします。その後、冷湿布を貼って包帯等で固定します。（C6, p.292）

［5］患部の状態、湿布の種類、貼付の枚数や回数、時間、貼付する場所などを確認し、利用者の同意を得ます。（C7, p.37）

［6］保健・医療職がいない場合は、軟膏塗布や湿布の貼り付けなどの支援について連携を十分にしたうえで介護職が実施することが望ましい。（K10, p.33）

［4］［5］［6］で、湿布の処置をすることを「湿布を貼る」「湿布を貼付する」「湿布の貼り付け」と和語と漢語の2種類の語種が使われています。［5］など、漢語で「チョウフのマイスウ」「チョウフするバショ」など耳で聞いてもわからない表現です。［6］で「貼り付け」の語も使っているのですから「貼り付ける枚数」「貼り付ける場所」ではだめなのでしょうか。これらの例から、「湿布」には、［5］のような「湿布の種類・枚数」という、患部に「貼って」使う布か紙のような物の意味と、もうひとつ［3］の「湿布して」のように、処置そのもののことを表す語だとわかります。

国家試験ではどうなっているでしょうか。

［7］叩（たた）いている部位に湿布を貼る。（第29回　問題117選択肢4）

［8］　利用者の足に腫（しゅ）脹が見られたので湿布をした。（第24回　問題30選択肢1）

［9］　身体障害、知的障害、精神障害に関するいずれの手帳にも、本人の写真貼付欄がある。（第18回　問題19選択肢3）

国家試験には「貼付欄」と名詞の「貼付」はありますが、動詞で「貼付する」はありません。［7］は「湿布を貼る」ですし、［8］は「湿布をした」です。教科書や介護記録の方が「湿布を貼付」と書きたいようです。

日常、「湿布を貼る／貼り付ける」と言っているのですから、そのまま「貼る」を使えばよさそうなのですが、教科書にも介護記録にも「貼付する」が使われるのはなぜでしょう。やはり、明治からの伝統なのでしょうか。なお、「腫（しゅ）脹」のルビのつけ方ですが、第24回の試験までは、常用漢字表の表外字にだけルビを振るようになっていました。となると「腫」は表内字、「脹」が表外字ですので、「腫脹（ちょう）」となるはずですが、なぜか試験問題はこうなっていました。

## 八・一・二　明治の「湿布」と「貼付」

明治期の看護の教科書や家庭の看病法の本などに「湿布」や「湿布を貼る」動作がどう表現されているかを調べてみます。

［10］　其他室中ノ雑具（ざうぐ）、暖炉（だんろ）、戸障（こしやう／としやうじ）等ハ悉ク湿布（しつぷ／ぬれぞうきん）ヲ以テ拭（ぬぐ）フヘシ。（その他部屋の中のいろいろな

家具、暖炉、障子などは全部濡れ雑巾で拭きなさい）（『日赤看護法』p.5）

「湿布を」「貼る」か「貼付する」かを考える前に、明治期の湿布そのものについて、知る必要がありそうです。［10］の「湿布」は、まさに「湿った布」ですが、現在のようにシールをはがせば、すぐ患部に貼りつけられるというような簡便なものではなかったようです。しかも、患部に貼り付けるための物とは限らず、この例では、「ぬれぞうきん」という意味ルビもついて、戸や家具を拭くための濡れた布のことを「湿布」と言っています。確かに湿った布には違いありません。

［11］速(すみやか)に冷湿布(れいしつふ)を貼(てう)し五分間毎(ふんかんごと)に頻回取換(ひんくわいとりかへ)すべし。（急いで冷湿布を貼り、5分ごとに何度も取り換えなさい）（『看病の心得』p.111）

［12］病者(びようしや)ヲ［…］平臥(たいらにねかす)セシメ快手(てはや)ク湿布(しつふ／うるはうたるぬの)ヲ以テ全身(ぜんしん／からだぢう)ヲ纏包(てんはう／つゝみまわす)シ［…］更ニ毛布(もうふ／けつと)ニテ其上ヲ纏(まと)ヒ置(お)ク。（病人を［…］平らに寝させ、手早く濡れた布で全身をくるみ［…］さらに毛布でその上をくるんでおく）（『日赤看護法』pp.87–88）

［13］湿布纏絡法(しつふてんらくはふ)［…］蓋(けだ)し湿布(しつぷ)既(すで)に其効(そのかう)を奏(そう)したる後(のち)は之(これ)を去(さ)り（湿れた布でくるむ方法［…］確かに湿布が効果を現した後はこれを取り去り）（『看病の心得』pp.47–48）

［14］冷水纏包法ヲ施シ旁ラ湿布ヲ以テ医員ノ示命セル部分ヲ摩擦スルナリ。（冷水を浸した布でくるむ方法をとり、その一方で湿れた布で医師が指示した箇所をこすります）（『日赤看護学』p.208）

［15］　冷水ヲ以テ前額及ヒ顳顬ヲ洗滌シ且ツ之ヲ撤灌シ更ニ前額、頬部及ヒ心臓部ヲ湿布ニテ輕打ス。（冷水で額とこめかみを洗い、またそこをすすぎ、そして額・頬・心臓部を濡れた布で軽くたたきます）（『日赤看護学』pp.416–417）

［11］は局部に貼るもののようですが、［12］［13］は、発汗や解熱などの療法として、全身をくるむ「湿った布」です。現在の10㎝×15㎝とか15㎝×25㎝のようなシップとは大きさも質も違います。また、［14］は、湿布で体をくるんだ上にさらに摩擦するために使う湿布と言っています。［15］も、貼るのではなく、「湿った布」で「軽打する」と言っています。

「湿った布」である「湿布」は、雑巾のように使われたり、熱を取るために貼って使ったり、大きな湿布では全身をくるんだり、摩擦したり、軽くたたいたりするのにも使われる布でした。現在使われているような、「湿布する」という動詞の使用例はなく、まだ文字通りの「湿った布」の意味でのみ使われていました。なお、［13］に湿布が2度出てきますが、はじめは「しつふ」で、後は「しつぷ」です。同じ著者が両方の読み方をしていたようです。『日赤看護法』もルビがついていますが、この本では5例中「しつふ」が4例、「しつぷ」が1例でした。『婦女宝鑑』に2例出てきますが、2例とも「しつぷ」です。ただし、当時は促音を「っ」と書く習慣はなく促音も直音も「つ」で表記されましたので、当時「シップ」と呼ばれていたのか「シップ」と呼ばれていたのかここだけではわかりません。「しつふ」のルビもあり、この語を促音で読むことは考えられませんので、「しつぷ」も直音で「シップ」と読まれていたかもしれません。

## 八・一・三　看護婦用字引の「湿布」

ここでは、明治大正期の看護婦用の字引を見てみます。

『産婆看護婦』は、

> しつぷ（湿布）きれをぬらせしもの。

と、記されています。布のことを言っているだけで、その使用の目的などには触れていません。

『看護婦用語』には、次のようにくわしく説明されています。

> 【シップ・シツアンハフ】湿布・湿罨法　湿罨法の為に用ふる「ぬれた布」を湿布と謂ひ、此湿布を以て身体の一部を被ひ体温にて温まらしめる方法を湿庵法一に「プリースニッツ」氏罨法と謂ふ。
> 湿布は適当な大きさの布を数層に畳み室温の水或は薬液に浸し液が滴らない程に絞つて貼す。そうして其上を二、三指の幅だけ大きさの防水性材料で被ひ、更に幅の広ひ布或は帯帛で固定す。
> ［後略］（p.246）

この文章を要約すると、「湿布」とは湿罨法に使う布で、水や薬液で湿らせたもの、これを体の一部に貼り、体温で温めるのを「湿罨法」と言うということになります。布とその布を使う療法とを分けて説明しています。

「湿布」は本来の「湿った布」の意味から始まって、雑巾であったり、摩擦するための布でもあり、また、発汗や解熱の目的で身体全体をくるむための湿らせた布でもあったのです。そうしたいろいろな使い方があった中で、液体の薬や水で湿らせて痛い所などに貼るという「湿布」の使い方が、現在に続いている「湿布」なのです。

### 八・一・四　「湿布を貼る」か「湿布を貼付する」か

さて、「貼る」か「貼付する」かに戻りましょう。先に示した例文と同じものは例文だけ示し、新しく探したものはそのあとに順に記します。

【貼ス】【貼る】

［11］速（すみやか）に冷湿布（れいしつぷ）を貼（てう）し五分間毎（ふんかんごと）に頻回取換（ひんくわいとりかへ）すべし。

［16］爾後（じご／そのゝち）尚（な）ホ劇痛（げきつう／はげしきいたみ）アルトキハ布片（ふへん／ぬのきれ）ニ乳汁（にうじう／ちゝ）或ハ油（あぶら）ヲ浸（ひた）シテ貼（てう／はる）スヘシ。（その後まだ激痛が続くときは、布切れに牛乳または油を浸して貼りなさい）（『日赤看護法』p.97）

［17］芥子（からし）泥は［…］局部（ばしよ）を限（かぎ）りて貼（は）るべし。（辛子を溶かしたものは［…］病気の所だけに限って貼りなさい）（『看病の心得』p.33）

［11］［16］の「貼す」は［16］の意味ルビでもわかるように「貼る」の漢語動詞です。ルビが「て

う」「ちやう」と2種類ありますが、どちらも現在の「チョウ」の音です。［17］は、現代語と同じ「貼る」です。「貼す」と「貼る」は、たとえば「表す」に漢語動詞の「ヒョウす」と和語動詞の「アラワす」と二つがあるのと同じことで、「貼す」が漢語動詞、「貼る」が和語動詞という違いです。意味はまったく同じです。

【貼付】

［18］水蛭を［…］貼付せんには（水蛭を貼りつけるには）（『普通看病学』p.96）

［19］芥子泥を［…］皮膚に貼付して（芥子泥を［…］皮膚にあてて）（『普通看病学』p.97）

［20］腹部に芥子泥を貼付すれば（腹部に辛子粉を練ったものを貼れば）（『婦女宝鑑』p.522）

［21］芥子泥を用ふるには［…］塗り紙の方を皮膚に附着せしめて局部に貼付するなり。（辛子粉を練ったものを使う時は［…］塗った紙の方を皮膚につけて病気の箇所に貼りつけます）（『婦女宝鑑』p.533）

［22］数多ノ便器、溺器等ヲ留メ置クトキハ紙牌ニ患者ノ姓名ト排泄時トヲ記シ一々之ヲ貼附スヘシ。（たくさんの便器やしびんをためておくときは、カードに患者の氏名と排泄の時を書いてそれぞれにそのカードを貼っておきなさい）（『日赤看護学』p.95）

［18］〜［22］は「貼付・貼附」という漢字熟語で、サ変動詞の語幹です。［18］［19］は左右ルビで［18］は、読みルビ「てうふ」と意味ルビ「つける」、［19］は「てうふ」と「あてる」が振られて

います。[20]は訓読みの「はりつけ」、[21]は音読みの「てふふ」のルビがついていて、訓読みと音読みの二つの読み方がわかります。なお、「てうふ」「てふふ」は現代の発音では「チョウフ」となります。意味は[18]〜[20]のルビでわかるように「つける」「あてる」「はりつける」ことです。[19]〜[21]は芥子泥を貼りつける例です。芥子泥というのは、第三章の三・一・三・二でも出てきましたが、芥子粉と小麦粉の同量を器に入れてぬるま湯で溶かして泥のようにしたもので、『看病の心得』には「深部の痛みを緩解するために使う」(p.33)と書いてあります。[19]〜[21]の「貼付・貼附」はその芥子泥を貼りつけるのですが、[22]は貼る物が違います。便器などに、氏名や排便時などを書いて貼り付ける紙切れです。湿布や芥子粉などとは素材は違いますが、貼りつけることは同じで、先に挙げた国家試験問題の[10]の写真を貼るというのと素材が似ています。また、「貼付・貼附」の二つの漢語が使われていますが、「附」と「付」は同じ意味の漢字ですから字の違う同義語ということになります。「貼ス」と「貼付ス」が多かったのですが、どちらにもたいていルビが振られていました。

次に、看護婦用の字引で、「貼付」を引きますと、『産婆看護婦』には、

てふふ(貼布〔ママ〕)はりつけること

と、載っていますが、他の字引にはこの語は見当たりません。

### 八・一・五　明治の国語辞書の「貼付」

明治時代の国語辞書では、「貼る」はどの辞書にも出ていますが、「貼付」は『ことばの泉』にしか出ていません。次のようです。

　てう・ふ　名　貼付。糊などにてつくること。

「糊などでつくる」ことと記されています。先の［22］の例に近い使い方でしょう。ここには、［18］～［21］のような湿ったものを体のどこかに貼るという意味は含まれていません。

### 八・一・六　「貼付」のまとめ

湿布を局部につける動詞として「貼（てう）ス」「貼（は）る」「貼付（はりつけ）す」「貼付（てふふ）する」の4動詞が使われていました。明治の「湿布を貼し」が現在の「湿布を貼り」に、「湿布を貼付（てふふ）する」が現在の「湿布を貼付する」に続いていることがわかりました。明治時代には、特に「貼付」が正式な用語という使い方はされておらず、「貼付」に「はりつけ」のような意味ルビもついていて、漢語の「チョウフ」と和語の「貼り付け」が共存していました。現在では正式な専門用語が「貼付」と考えられ、記録や教科書の中心的な用語になっています。

明治期でも「貼（てう）シ」という言い方や「貼付（はりつけ）すれば」のような使い方もあったのですから、現在にもその流れが主流となって受け継がれればよかったのにと思います。

明治期はルビが振られるのが普通でしたから、難しい用語もルビに助けられて読めたのでしょうが、現在の日本語はルビなしが標準で、常用漢字表内の漢字にはルビがつきません。そのため、「貼付」が読めない人も多くなっています。「貼」の旁が「占」で、「点」「店」などの旁と共通しているところから「テン」と読むだろうと類推して、「テンプ」と読む人もかなりいます。冒頭の介護記録の［2］にあった「添付＝テンプ」の誤用は、もしかしたら、「貼付」を「テンプ」と読み違えて入力した結果かもしれません。明治時代と現在とでは一般に使われる漢字の数も違い、ルビのつけ方も違います。そうした違いを考えずに、正式な用語は昔の漢語だ、だから「貼付」が正式な語だと考えられているのだとしたら、それはぜひとも考え直していただきたいと思います。なお、「貼付」の読み方で「てんぷ」を慣用読みとする辞書もありますが、それも加えるとますます混乱しますので、ここでは本来の「ちょうふ」のみを音読みとします。

## 八・二　「塗布」と「塗る」

### 八・二・一　現在の使われ方

現在の、介護の現場の記録・申し送りです。

［23］　軟膏、顔全体にヒルドイドローションを塗布との指示。（Y老人ホーム）

〔24〕　医務に報告し、アズノール塗布しています。（D特養）
〔25〕　表皮ハクリが殿部、仙骨部にみられ、軟膏を塗っています。（Y特養）

〔23〕〔25〕は記録で、〔24〕は申し送りです。話しことばによる申し送りでも「塗布」という漢語が使われています。〔25〕は記録で「塗る」を使っていますが、記録では「塗布」が多く使われているのです。

次は介護士養成テキストです。

〔26〕　口唇の乾燥強いためワセリン塗布。（M8, p.196）
〔27〕　皮膚への軟膏の塗布〔…〕等々が含まれている。（K6, p.171）
〔28〕　塗り薬は、頸部以下の全身に、指間・趾間（しかん）や爪の下まで残らず塗ります。（C11, p.187）

「塗布」も「塗る」も両方使われていますが、Cテキストの使用頻度は「塗布」が31例に対して「塗る」は17例、Mテキストは「塗布」8例「塗る」6例です。「塗布」の方が多く使われているのです

次は介護福祉士国家試験です。

〔29〕　皮膚を乾燥させてから、保湿剤を塗布する。（第25回　問題52選択肢4）
〔30〕　足にワセリンを塗る。（第31回　問題114選択肢4）
〔31〕　保湿剤は、皮膚が十分に乾いてから塗る。（第31回　問題49選択肢5）

〔29〕の保湿剤は「塗布する」ですが、〔31〕では同じ保湿剤が「塗る」になっています。ワセリンは〔26〕では「塗布」ですが〔30〕では「塗る」です。国家試験の方がわかりやすいことばを使い始めているようにみえます。この方向で進んでほしいと思います。

### 八・二・二　明治時代の「塗布」と「塗る」

まず「塗布」です。

〔32〕毛筆ニテ塗薬ヲ齒齦、舌、口蓋等ニ塗敷シ（筆で塗り薬を歯茎、舌、上あごなどに塗って）（『日赤看護法』p.56）

〔33〕火傷ノ部狭小ナルトキハ単ニ「コロヂヲン」ヲ塗敷スヘシ。（やけどの部分が小さいときは「コロジオン」を塗りなさい）（『日赤看護学』p.398）

〔34〕心胸窘迫には芥子精心窩を塗布し、腓腸痙攣には其局部に同じく芥子精を塗るべし。（胸が苦しいときは辛子粉をみぞおちに塗り、ふくらはぎがひきつったときには、その箇所に同じく辛子粉を塗りなさい）（『婦女宝鑑』p.511）

〔35〕入浴せしめざる時は全身に醋水を塗布するも可なり。（お風呂に入れることができないときは、全身に酢を塗りつけるのもよい）（『婦女宝鑑』p.509）

〔32〕は「塗敷」で、塗布」と漢字が違いますが、左右のルビをつけ、読み方を「トフ」、意味を「ぬ

る」と示していて「塗布」と同義語です。「塗敷」は大関和の『実地看護法』（1908）に「塗擦法及び塗敷法」（p.105）と、ぬりこむ方法と塗り方として使われていますが、他の看護学書や看護婦用字引ではこの語は見当たりません。『大字典』の【塗】の項目には、「塗布」と「塗附」の熟語の例は出ていますが、「塗敷」はありません。今回集めた例の［32］［33］の「塗敷」はどちらも足立寛の著作の中のものです。足立の個人的な好みによるものかもしれません。明治時代に「塗る」の漢語として「塗敷」も使われていたのは事実ですが、大勢は「塗布」だったと言えます。

「塗布する」物は［33］はコロジオン、［34］では芥子精、［35］は酢を水で薄めた物です。［34］は、同じ芥子粉を練った物――四三頁などでは「芥子泥」と言っています――での処置ですが、最初はその芥子泥を「塗布し」と言い、後では芥子泥を「塗る」と言っています。ここからも「塗布」と「塗る」が全く同じ意味で使われていることがわかります。

次は「塗る」です。

「塗る」

［36］芥子紙ハ芥子油ヲ絹帛ニ塗リ製シタル者ニシテ甚タ便用ノ者ナリ。（辛子紙はカラシの油を絹の布に塗って作ったものでたいへん便利なものです）（『日赤看護法』p.97）

［37］用ヒタル器具ハ総テ消毒薬水ニテ清洗シ乾拭シテ油ヲ塗ルベシ。（使った器具はすべて消毒水でよく洗って乾かして油を塗りなさい）（『日赤看護学』p.235）

［38］清潔なる毛筆を以て患部に塗り（清潔な筆で患部に塗り）（『看病の心得』p.118）

［36］［37］は、芥子油を布に、油を器具に「塗る」、［38］は、毛筆で「塗る」のですが、先の［32］では毛筆で「塗布」し、［34］では芥子精を「塗布」するでした。何かの液体を皮膚につけることを「塗る」「塗布」と言い、そのための道具として「毛筆」で「塗る」「塗布する」ことも同じです。結局、今回集めた例では「塗布」する物も「塗る」物も、薬液・塗り薬・芥子精・醋水・芥子油・膏薬などで、塗る物を入れ替えても全く文の意味は変わりません。［33］は、明治の正式な教育機関の教科書の文章の中で「塗敷」が使われていますが、同じ教科書で［37］では「塗る」も使われています。教科書でもいつも硬い漢語を使っているわけではないのです。

　看護婦用字引も見てみます。

『産婆看護婦』

　とふ（塗布）ぬること 例 薬品を患部に―する

と用例つきで記されています。

『産婆看護学熟語字典』（1932）（以下『熟語字典』）

　塗布　ヌルコト

と記され、「塗布」の日常語としての意味を教えています。「塗布」は産婆や看護婦には必要な語彙ではあるが、学ぶ人にとって難解な語であったということがわかります。
明治時代の国語辞書に「塗る」は出ていますが、「塗布」は出ていません。明治の国語辞典編者たちにとって、「塗布」はその時代の一般の人々に必要なことばとは考えられなかったのです。

### 八・二・三　「塗布」と「塗る」のまとめ

明治期に治療や処置のために、軟膏などを皮膚につけるようなことを和語動詞の「塗る」と、漢語動詞の「塗布する」で表現していました。どちらも同じように使われていました。しかも明治期には「塗敷(とふ/ぬり)シ」「塗布(とふ)」「塗布(ぬりつけ)する」と、漢字熟語にはルビを振り、和語でも「塗(ぬ)り」のようにルビが振られているものが多く、学ぶ人たちも読むのに困ることは少なかったようです。現在のテキストや国家試験ではルビはつけられません。常用漢字表にある漢字だからです。そうなると、このことばを学ぶ人にとっては、明治のころより現在の方が難しいことになります。明治時代よりも漢字の使われ方がはるかに減って、漢字の環境が変わってしまった今、漢字を学ぶための負担がより重くなっていると言えます。

けれども、わずかですが、明るいきざしも見られます。最近の国家試験の傾向です。［7］では「保湿剤を塗布する」でしたが、6年後の［32］では、保湿剤を「塗る」になっています。わかりやすい表現を選んだのだと思われます。こういういい傾向をのばしていただきたいです。また、教育の現場でもテキストを作るときには「塗布」↓「塗る」の見直しをしてほしいと思います。

# 第九章　「臥床」と「汚染」

介護のことばを調べるようになった最初から、「臥床」と「汚染」のことばに違和感がありました。横になるだけのことなのに、どうして「臥床」などと難しいことばを使うのか、オムツが汚れたことをどうして「おむつ汚染」などとすごいことばを使うのか、「汚れた」ではいけないのかという疑問と違和感です。介護の現場としては従来からのことばとして受け継いでそのまま使われているのだろうと想像しますが、では従来はいつごろからのことなのでしょうか。まず「臥床」から見ていきます。

## 九・一　「臥床」

### 九・一・一　現在の「臥床」

介護記録から見ていきます。

［1］活気あり臥床せず食堂で過ごす。（K特養）
［2］パット交換　排尿（＋）　排便（＋）　臥床していただく。（Yグループホーム）

［1］の「活気」は、普通の辞書にある「生き生きとして元気」（『三国』第八版）のようなとても活力があるという意味ではありません。介護の場で使われる「活気」は、普通のレベルの生命力のことで、「食欲が減り、発熱が続いて、活気がない」のように使われます。［1］の例文では普通の活力があるから「横にならないで」食堂で過ごしているのです。元気はつらつで「活気がある」のではありません。同じ漢字のことばでも介護の場では特別の意味で使われる例です。誤解されやすいですね。

［2］は、排尿と排便があって、オムツの中のパットを交換した後で、寝てもらったというわけです。「(＋)」はあったということを示す記号です。なお、排便がなければ「(－)」となります。介護記録の文体として、「～あり」「過ごす」のような動詞の終止形だけで終わる短くて簡潔なものが多く、また記号や略語もよく使われます。忙しい作業の合間に記入したりするうちにそうなったのでしょう。忙しい現場が生んだことばと文体と言えるかもしれません。短く簡潔にするために漢語が選ばれるのも仕方がないことかもしれません。しかし、［1］を「活気あり横にならず食堂で過ごす」にしても1文字しか違いません。［2］も「臥床していただく」を「休んでいただく」とすれば1文字減りますし、漢字も易しいのが選べます。忙しくて大変な職場だからこそ、易しく簡単なことばが使えるようになってほしいと思います。

次は介護士養成テキストの「臥床」です。

［3］　万年床のように利用者が終日臥床しているような場合でも［…］時々は布団と床面との間に隙間を設けるようにする。（M6, p.245）

［4］　体調を崩し1週間ほど臥床したことを契機に、歩行が困難になりました。（C6, p.49）

［3］は、現代の日本語文としてはとても不自然な感じがします。「万年床のよう」ととても日常的庶民的な場面です。その布団に一日中寝ていることを「臥床」するというのはどうにもちぐはぐです。「臥床」という語は、漢文調で格調の高い文体の中でこそつりあいがとれるのではないでしょうか。［4］は本来の「臥床」の使い方です。「臥床」とは国語辞書でも「（病気で）床に就くこと。」（『明鏡』第三版）と記されているように、ただ寝ているのではなく、体調を崩して寝ていたという使い方は適切だと言えます。

国家試験問題の「臥床」に移りましょう。

［5］　Dさん（98歳、女性）は［…］終末期を迎え、座位が困難でベッドで臥床（がしょう）している。（第26回　問題19設問文）

［6］　食後の臥床（がしょう）は、腸内の蠕動運動（ぜんどううんどう）の亢進（こうしん）に有効である。（第30回　問題49選択肢2）

「臥床」の「臥」は、第七章の「臥位」と同じ漢字で、常用漢字表外字ですので、ルビが振られています。でも、[5]の「ベッドで臥床している」もおかしな表現です。「臥床」だけで「床（=ベッド）に臥す（=横になる）」ですから、「ベッドでベッドに横になる」といういわば重言です。[6]は名詞形で使われています。「食後」「腸内」「蠕動運動」「亢進」「有効」のような漢語の多い文脈ですから、漢語名詞「臥床」が選ばれたのかもしれません。文章全体は「食後横になるのは、腸の蠕動運動をさかんにするのによい」ということだと思われますが、それをずいぶん難しく表現しているものです。

### 九・一・二　明治の看護教科書の「臥床」

[7] 入浴終レハ温且軟ナル手拭ヲ以テ摩擦セズシテ拭ヒ乾シ臥牀セシメ（入浴が終わったら、温かくて柔らかなタオルでこすらないように拭いて乾かし床に就かせて）（『慈恵看護学上』p.87）

[8] 臥牀ハ［…］二臺ヲ備フルヲ良トス（ベッドは2台準備するのがいい）（『慈恵看護学下』p.196）

[9] 第一章（二）「病室(びやうしつ)及(および)臥牀(ぐわしやう)」（七）臥牀(ぐわしやう／ねどこ)ハ可及(なるたけ)室ノ中央ニ設クベシ。（第1章（二）病室とベッド（七）ベッドはなるべく部屋の中央に置きなさい）（『日赤看護法』p.7）

[10] 之ヲ介輔(かいほ／たすけ)シテ臥牀上(ぐわしやうじやう／ねだいのうえ)ニ匍匐(ほふく／はらばい)セシメ（患者を介助してベッドの上に腹ばいにならせて）（『日赤看護法』p.61）

［11］臥牀ハ成ルヘク壁及ヒ他ノ臥牀ヨリ隔離シテ（ベッドはなるべく壁や他のベッドと離して）（『日赤看護学』p.104）

［12］健康（けんかう／たつしや）の人も臥床（ぐわしやう／ふしど）の善悪（ぜんあく／よしあし）に依（よ）り睡眠（すゐみん／ねむり）に　快否（くわいひ／こゝろよきといなと）　あり況（いは）んや病苦（びやうく／やまひになやむ）の人に於てをや。（健康な人でもベッドの良しあしで睡眠がよくできたりできなかったりする。まして病気で苦しむ人にとってはいうまでもないことです）（『普通看病学』p.37）

［13］消化易き（こなれやす）滋養食餌（やしなひとなるたべもの）を与（あた）へ、徐（しづ）かに臥床（とこ）に就（つ）かしむべし。（消化しやすい栄養のある食べ物を与えて、静かにベッドに寝させなさい）（『看病の心得』p.2）

これらの例文から、まず、「臥床」がどう使われていたかを考えていきます。まず漢字表記ですが、「臥牀」と「臥床」があります。本来、「牀」と「床」とは別の漢字で意味も違う部分もありますが、音が同じ「ショウ」であること、意味も共通部分があること、漢和辞典に「同」とされていることから、区別せずに同じ文字の異体字として扱うことにします。原典に「牀」の文字が使われていたらそのまま写しますが、普通の場合は「床」で表記します。

［7］は「臥床セシメ」で、入浴の終わった患者の体を拭いて「寝させる」と、動詞として使われています。［7］以下のルビがついている語で意味ルビを見ると、［9］は「ねどこ」、［10］「ねだい」、［12］「ふしど」、［13］「とこ」となっていて、「寝る場所」「寝る時に使う家具」を指しています。特

に［8］の「二臺ヲ備フル」や［9］の「臥牀（ぐわしやう／ねどこ）ハ可及（なるだけ）室ノ中央ニ設クベシ」、［11］の「他ノ臥牀ヨリ隔離シテ」などの書き方からは、「臥床」はただ寝る所というのではなく「寝台・ベッド」そのもののことを言っていることがわかります。

明治期の看護教科書や看病書の「臥床」は、「ぐわしやう」の読みルビと「ねどこ・ねだい・ふしど・とこ」の意味ルビが振られて、読者の理解を助けています。その語の意味は［7］だけが「寝る・休む」意味の「臥床セシメ」という動詞用法で、それ以外は全部「寝る場所」「寝る時使う家具」の意味の名詞用法です。

看護婦用字引の『産婆看護婦』にも、

ぐわしやう（臥牀）　ねどこ

と記されています。動詞としての使い方については触れられず、看護婦の用語としても、「寝る場所」の意味であったことがわかります。

### 九・一・三　明治の国語辞書の「臥床」

一般の国語辞書はどう記述しているでしょうか。

『ヘボン』

見出し語として「臥牀 GWASHO」は載せられていません。九・一・二の例文で見た、「ねどこ

NE·DOKO」「とこ TOKO」「ねだい NEDAI」「ふしど FUSHIDO」の項目を見ると、次のようになっています。

NE·DOKO　子ドコ　臥牀 n. A bedstead, a sleeping place

TOKO　トコ　牀　n. A bed, bedstead, a hot-bed

NEDAI　子ダイ　寝台　n. A bedstead,couch

FUSHIDO　フシド　臥房　n. A bed-chamber〔以下略〕

NE·DOKO の漢字表記として「臥牀」が使われ、語の意味は、「寝台」「寝る場所」となっています。TOKO の訳の bed を「英和の部」で見ると、Nedokoro ; futon,nedoko,toko となっています。NEDAI の couch は、Nedai,nedoko,toko となっています。これらをまとめると、『ヘボン』では、「臥床＝ねどこ＝とこ＝寝る所・ふとん・寝台」ということになります。

『いろは』

この辞書には、「臥床」が見出し語で出ています。ただし「ぐわじやう」の表記でです。和語では『ヘボン』と同じ語を引いてみます。

ぐわじやう　臥床、臥牀、ねどこ、ふしど

ねどこ　寝牀、とこ、臥床、ふしど

ふしど　臥所、ねどころ、ねま、ねや

ねだい　寝台、臥箱、ねるだい、高臥牀

とこ　牀、床、ねどこ。又ゆか。笭（船の）

「臥床」を、「臥床」と「臥牀」と併記し、「とこ」で、「牀、床」の漢字を並べていますが、ここでは先に述べたように異体字として区別せずに扱うことにします。5語とも「寝る場所」をさしていることは共通していますが、「寝台」の言い換え語の「高臥牀」からは、「臥床」は特に寝台・ベッドに特化されていると読み取れます。

『言海』

項目語として「臥床」は立てられていません。

「ね・どこ・とこ・ねだい」は、それぞれ以下のように記述されています。

ね・どこ―寐床―　夜寐ルニ用キル床。臥床

とこ―床―牀―（所ノ義）特ニ寐ヌルニ設クル所。ネドコ。臥床。〔以下略〕

ね・だい―寐臺―　机ノ如クニシテ大ク、寐床ニ用キルモノ。臥榻

ふし・ど―臥所―　夜、臥ス処。ネドコロ。ネヤ。

「ねどこ」の通用字として、また、「とこ」の漢字表記の1語として「臥床」が記されていて、「臥床＝ねどこ＝とこ」の関連になっています。「ねだい」の言い換え語に「臥榻」という難しい熟語が出ていますが、「榻」は読み方はトウ　意味は「その上にからだをのせる長いすや、寝台」（『学研漢

和大字典』で、やはり「臥榻」も寝台のことなんです。

『ことばの泉』

この辞書にも「臥床」が立項されています。

ぐわ・しやう　臥床。㈠ふしど。ねどこ。㈡病などにて、床につくこと。

とこ　床。㈠寝ぬるところ。ふしど。ねどこ。臥床。牀。㈡〔略〕

ね・だい　寝台。大なる机の如く、四脚ありて、臥床に用ゐるもの。

ね・どこ　寝床。寝ぬるところ。ふしど。ねや。臥床。〔以下略〕

ふし・ど　臥所。夜、臥すところ。ねどころ。ねどこ。〔以下略〕

見出し語としての「臥床」は、語義が㈠㈡に分けられていて『ヘボン』『言海』にはなかった、㈡「病気などで、床に就く」の意味が加えられています。ただ横になるのではない意味の語であることを示しています。

当時の国語辞書では「臥床」は、「寝床・とこ・ねるところ・ふとん・寝台」「病気で横になる」などの意味をもつことばで、寝る場所として幅広い概念でしたが、看護教科書で使われる「臥床」の中心的意味は、鉄や木でつくられる家具としての「ベッド」でした。

## 九・一・四　大正以降の国語辞書

大正期に発行された『大日本』は、「臥床」を次のように書いています。

ぐゎ・しゃう　臥床　㈠ねどこ。ねだい。ふしど。㈡床に臥て居ること。とこにつくこと。

昭和初期に発行された『大辞典』は、次のようです。

ガショー　臥床（ぐわしやう）　①ねどこ。〔以下中略〕②寝床にねる。

どちらも意味を二つに分けて①にベッドの意味、②に床に寝るの意味を書いています。

続いて、現在の国語辞書で「臥床」を引くと、

がしょう【臥床】〔文〕①ねどこ。②（病気で）ふとんにね（てい）ること。（『三国』第八版）

がしょう【臥床】とこを敷いて寝ること。「病気で―する」（『新選国語辞典』第九版（以下『新選』））

のように記されています。『三国』では〔文〕とされ、文章語扱いになっています。つまり、日常語ではなく、改まった文体の文章を書くときなどに使う語ということです。『新選』では、明治期の『ことばの泉』の語釈を踏襲して「病気などで布団を敷いて横になる」意として記述しています。単に横になって休むのとは違う意味のことばということです。

明治から現在までの国語辞書に書かれている「臥床」の意味をまとめてみます。最初は「ねどこ・ねだい・ふしど」と寝る場所をさしていました。大正になって「寝床に寝る」の動詞の意味が加わり、現在では文章語とされて、日常使う語ではないとされますが、意味は名詞の「ねどこ」と、動詞の

「病気などで布団をしいて横になる」ことになっています。

### 九・一・五 「臥床」のまとめ

明治期の看護の場では、例［7］の「臥床セシメ」のような動詞の例もありましたが、このような例は特殊で、ほとんどが寝るための家具─ベッドの意味で使われていました。大正のはじめころの『産婆看護婦』にも「ぐわしやう（臥床）ねどこ」と、やはり、寝る場所の意味だけが書かれています。

現在の介護の場で使われている「臥床」は、ことば自体は明治からずっと、看護分野で使われてきた用語を受け継いできた伝統的な語です。ですが、「臥床」の意味は変わってきているのにその変化を反映しないままに使われています。現在は［1］～［6］のように、どの例も、「臥床する＝ベッドやふとんに横になる・休む」の動詞としての使用に限られています。「臥床」をベッドの意味で使うことは全くありません。また、「臥床する」は現在の日本語の動詞の用法としては、文章語として「病気で寝る」など、特別のことがあって寝る意味のことばと考えられています。

このようにみてくると、病気に限らず、ただ疲れないように横になったり、起きているのをやめて横になったりする、現在の介護の場の「臥床」は、明治時代の看護分野での使われ方とも違い、また日本語の意味の変遷にも合っていないことになります。

古いことばを使うのは、伝統を重んじているからだという見方もありますが、このことばに関してはそれにはあてはまりません。ただ伝統を守るというのではなく、伝統であっても、意味や用法が変わってきたのなら、それに合わせて、改める必要があるでしょう。漢字も難しく耳で聞いてもわかりにくい「臥床」は、現代語としての用法に合わせて「ベッドに横になる・休む」に言い換えてほしいものです。

## 九・二 「汚染」

このことばは、特に難しいものでもなく、社会問題や環境問題が話題になるとき日常のことばとして見聞きします。今までの章で述べてきたような、現在の日常語と違って難しいというグループのことばではありません。ですが、現在の介護の場でのこのことばの使われ方が、とても気になりますので、明治のことばに戻りながら考えてみたいと思います。

### 九・二・一 現在の介護の場での「汚染」

各施設での介護記録や申し送りの資料から、「汚染」の例を拾ってみます。

[14] 便器、トイレ床など便汚染あり、清掃行う。（B有料老人ホーム）

［15］靴底にも便付着あり。汚染した靴でお茶会へ行った模様。（B有料老人ホーム）
［16］車いすクッション尿汚染にて洗濯しカバーを干しています。（Y特養）

［14］は便器やトイレの床に便がついて汚れていたこと、［15］は靴の底に便がついて汚れていたこと、［16］は、車いすのクッションが尿で汚れたことです。「汚染」などというと、部屋中が汚れてしまったかのような大規模な汚れを想像してしまうのですが、実際は尿や便がついて衣類やクッションなどが汚れたことを言っています。クッションが汚れたではどうしていけないのでしょうか。何か「汚染」などと大げさなことばを使う理由があるのでしょうか。介護士養成のテキストなどでも「汚染」と教えているのでしょうか。

介護士養成テキストの「汚染」

どの教科書にも「汚染」の語はたくさん出てきます。その中には「大気汚染」や「環境汚染」のような「汚染」もありますが、そういう一般的なものではなく、介護の場特有の「汚染」を拾ってみます。

［17］インフルエンザウイルスに汚染された手指などによる接触感染（M4, p.229）
［18］尿失禁などで皮膚が汚染されると、感染症や褥瘡の原因ともなるので（K16, p.125）
［19］また感染者の血液や分泌物で汚染された場合は、流水で十分洗い流す。（K13, p.55）

［14］から［19］まで、いろいろな汚染がありましたが、「汚染されるもの」と「汚染するもの」で整理してみます。「汚染されるもの」は［14］では「便器・トイレの床」、［15］は「靴」、［16］は「車いすのクッション」、［17］は「手指」［18］は皮膚です。

一方の「汚染するもの・汚染の理由」は、［14］から［16］と［18］は「便」「尿」で、［17］は「ウイルス」です。つまり、普通に言えば、「トイレに間に合わなくて下着が濡れた／汚れた」ということを、介護の専門の教科書は「尿がもれて下着が汚染された」と表現しているわけです。何とも大げさな言い方ですが、どこからこういう表現は来ているのでしょうか。介護福祉士国家試験にもこうした表現が使われているのでしょうか。

介護福祉士国家試験の「汚染」を見てみます。

［20］　皮膚の汚染（第9回　問題54選択肢4）

［21］　ノロウイルス（Norovirus）に感染した人の嘔吐物（おうとぶつ）のついた衣服の処理に関する次の記述のうち、最も適切なものを1つ選びなさい。

2　汚染された部分にアルコールを噴霧する。

3　汚染された部分を強くもみ洗いする。（第32回　問題54設問文・選択肢2・3）

［20］は褥瘡のできやすい条件を問う問題の選択肢で、皮膚が不潔で汚いことを「汚染」と言っているようです。［21］はノロウイルスによる「汚染」です。これはウイルスの蔓延で感染するのですから「大気汚染」「環境汚染」と同じ「汚染」の用法です。国家試験では以前は［20］のような「皮膚の汚れ」を「汚染」と表現する問題もありましたが、最近ではウイルスによる「汚染」の問題に移ってきているようです。

やはり、もともとの「汚染」の用法を知りたくなります。

### 九・二・二　明治の教科書などの「汚染」

明治時代の看護の教科書から見ていきます。

［22］（産児のおむつが）小水又ハ大便ニ因テ汚染サレタルトキハ速ニ取除キ汚染シタル皮膚ハ毎日二回微温湯ヲ以テ洗滌シ（生まれたばかりの赤子のおむつが、尿か便で汚れたときは、すぐに取り替え、汚れた皮膚は1日2回は微温湯で洗い）（『慈恵看護学下』p.303）

［23］皮膚ニ膿汁附着汚染スルトキハ（皮膚に膿がついて汚れるときは）（『日赤看護法』p.154）

［24］若し過つて白き衣服に沃土丁幾を附け藍色の汚染を見ば速に石鹸を以て洗ひ落すべし。（もし誤って白い衣服にヨードチンキをつけ、藍色のしみを見たらすぐ石鹸で洗い落しなさい）（『普通看病学』p.90）

〔25〕病人の衣服及寝具等吐瀉物に汚染したる物品は（病人の衣服や寝巻などで吐いたもので汚れた物は）（『看病の心得』p.95）

〔26〕大小便汗等に汚染たる腹帯又は布切の類は（大小便や汗などで汚れた腹帯や布などのたぐいは）（『婦女宝鑑』p.508）

まず、「汚染」の語が「おせん」と「おぜん」と清音と濁音で読まれていたことを知ります。表記の「おぜん」と「をせん」の「お」と「を」については、他の語でも厳密な区別なしに使われていますので、「お」と同じとして進めます。また、左のルビによって「汚染」の意味は、日常語の「けがす・よごす・よごれる・しみ」だとわかります。

一方で、教科書でも日常語の「汚れる」「汚す」を使っているのもあります。

〔27〕其他膿汁等ニテ汚レタル繃帯品（そのほか、膿汁などで汚れた包帯品）（『日赤看護学』p.95）

〔28〕遺尿等臥褥ヲ汚ス虞アルトキハ（尿の残りなどで布団を汚す心配があるときは）（『日赤看護学』p.108）

〔23〕は膿汁で「汚染する」例でしたが、〔27〕は膿汁で「汚れる」になっています。〔25〕は病人の寝具等に「汚染したる」、〔28〕は「臥褥を汚す」と言い、どちらも布団か寝床を対象としています。結局のところ、汚したり汚れたりするものは同じものですが、その動詞が「汚染する／汚す」と漢語

と和語の両方の語が使われている、つまり日常語の「汚れる」でも硬い漢語の「汚染」でもいいということです。しかも［26］のように「汚染」の漢語に「よごれ」とルビを振っているのもありますから、全く同じことなのです。

ここで動詞「汚染する」「汚す」「汚れる」の意味と使われ方を見ておきましょう。「汚染する」には自動詞用法と他動詞用法とがあります。「汚す」は他動詞、「汚れる」は自動詞です。［22］の、「大便に因て汚染される」「汚染したる皮膚」を例として考えてみます。

a．おむつが大便に因て汚染される＝大便がおむつを汚染する　他動詞用法

b．汚染したる皮膚＝皮膚が汚染する　自動詞用法

つまり、「おむつを汚染する」と「おむつが汚染する」の両方の使い方があるのです。

他動詞の用法で、「汚染する・汚す」主体は［22］［26］は「小水・大便・汗」、［23］［27］は膿汁、［25］は吐瀉物です。汗や吐瀉物が皮膚などを「汚染する・汚す」わけです。自動詞の用法で、「汚染される・汚れる」側は、［22］［23］は皮膚［24］［27］は衣類、［28］は布団、です。膿汁などで衣類が汚染される・汚れるというわけです。

こうして例文の汚染したりされたりするものをまとめてみると、「汚染する」対象と「汚染される」対象がどういうものなのか、その範囲がわかります。つまり、汚染するものは体からの排泄物とか薬品で、汚染されるものは体とそれに接している衣服・寝床などです。体の中のものなどが体の外

のものを汚染するという用法であることがわかります。中には汚染が「しみ」のように小さいものもあります。「しみ」は「汚染」のもとの「染める」の意味を残したものです。たくさんの用例はありましたが、現在の介護の場で使われる「床の汚染」や「ウイルスによる汚染」など人体を離れた範囲での汚染の例はありません。

九・二・三　明治以降の看護婦用字引の「汚染」

看護婦用字引も見てみます。それらの字引の、「汚れる・汚染」に関係のある語彙には次のようなものがあります。

①『看護摘要』

ヨゴレル　　汚レル

オカイ　　汚穢キタナキモノ

②『産婆看護婦』

をぜん（汚染）よごれる・きたなきものにふれる・けがれ

をくわい（汚穢）よごれてきたなきこと・よごれ・けがれ

③『最新産婆看護婦講習録産婆科第三巻』の『臨床産婆看護婦用字引』（1919）（以下『産婆看護婦字引』）

オエキ　汚液(キタナイシル)

オカイ　汚穢(キタナキモノ)

オブツ　汚物(キタナイモノ)

ヨゴレル　汚レル　キタナクナル

④『熟語字典』

汚染(ヲセン)　ヨゴレルコト。ヨゴスコト。

汚穢(ヲワイ)　ケガレルコト。ケガル、コト。キタナイコト。

「汚穢」は4書のどれにも出ていますが、「汚染」は①と③にはありません。「汚穢」に比べると重要度は低いと思われたのでしょう。②の「をぜん（汚染）」の意味「きたなきものにふれる」は他にはないものです。現在の用法では、「下着が汚染する」「便器が汚染する」のような例があり、「汚染する」のは、便や菌がついて、下着や便器が汚れるのだと考えられますが、「きたなきものにふれる」では少し違ってきます。［23］の例でも、「皮膚(ひふ)(はだへ)ニ膿汁(のうじう)(うみじる)附着(ふちやく)(つき)汚染(おぜん)(けがす)スル」は、「皮膚に膿汁がしみてとれなくなった」と、これらの「汚染」は、ただ汚れるだけではなく「染」の意味も加わった語と考えられます。

もちろん、「汚れる」と記された例もあります。［23］と［27］など同じような場面で「汚染スル」「汚れたる」が使われているのですから、「汚れる」と「汚染される」とはまったく同じ意味で使われていたこともわかります。そうした中に、「染」の意味を残した使い方もあるということです。看護婦用字引があえて「きたなきものにふれる」と書いているところに、「汚染」の本質的意味が含まれているように思われます。

### 九・二・四　明治の国語辞書の「汚染」

当時の国語辞書で、「汚れる・汚す・汚れる・汚す・汚染」を調べてみます。

『ヘボン』

「汚れる」を「和英の部」で引いてみると、多くの英語が出てきます。

YOGORE-RU ヨゴレル i.g.d To be dirty, foul, firthy; to be unclean, defiled, polluted

これらの英語の訳語のいくつかを「英和の部」で見ます。

FOUL, t.v. Kegasu,yogosu

DEFILE, t.v. Kegasu,yogosu

POLLUTE i.v. Kitanaku suru,kegasu,yogosu

とされていて、「汚染」の語は出てきません。POLLUTEは現行の辞書では「汚染する」と訳されることが多いのですが、「和英の部」のPOLLUTEの訳語は「汚くする・汚す・汚す」で「汚染」の語は見られません。

『いろは』

をぜん（する）（他自）　汚染、けがす、よごれる、しみこむ（悪風等が）

よごす（他）　汚、けがす

よごれる（自）汚穢、きたなくなる、涴、淟涊

けがれる（自）汚、穢、瀆、汚染、汙瀆、汙穢、点汙、汙濁、きたなくなる、よごれる

この辞書には「汚染」の語が出てきます。見出し語にもあるのですが、ここでは「をぜん」と濁っています。また、「けがれる」の語釈にも「汚染」はでてきますが、こちらは濁音なのか、あるいは清音なのかわかりません。なお、「汙」の字が使われる語がありますが、この字は「汚」の旧字と『大字典』に記されています。

［23］に「汚染（おせん/しみ）」というルビが振られていたので、「しみ」も引いてみました。

しみ（名）汚点、染汚（衣服の）、よごれ、きず

「染汚」という語が出てきました。『大字典』で引きますと、

【染汚】セン・ヲ　よごすこと。汚染。

【汙染】ヲ・セン　けがれにそまること。悪事を見ならふこと。汚染。

で、汙染＝汚染、染汚＝汚染で三語とも同じ意味のことばとわかりました。どれも、衣服に別の色がついてよごれることのようです。「汚れてしみる」のか「しみて汚れる」のかで、二つの熟語ができ

たのでしょう。ただ、「汚染・汙染」には物の汚れだけでなく「悪風」とか「悪事」に染まる意味が出てきていて、これが後の「大気汚染」などにつながって行くのだと思われます。

『言海』

「汚染」の見出し語はありませんので、「よごす」「けがす」の和語を引いてみます。

よご・す　［汚］ケガス。

けが・す　［穢］穢ルル如クニナス。不浄ノモノニス。ヨゴス。汚　涴

「汚染」に関する情報は見当たりません。

「しみ」の項目を引くと、

しみ　〔名〕［染］（一）染ムコト。（二）物ノ染ミテ汚レタルトコロ。「衣ノ――」「畳ノ――」汚染

ここに、「汚染」が出てきます。しみて汚れることと、汚れた個所という語釈です。この辞書では、「汚染」は、何かよくないものが染みて汚れることです。菌がついたり、血液がついたりする汚れ方ではありません。「染」の意味を残しているのです。

『ことばの泉』

この辞書では、「汚染」は明治三一年に発行された本篇には採録されていませんが、一〇年後に発行された『補遺』には、

を・せん　汚染。しみ。よごれ。汚点。

と、採録されています。本編では

しみ　染。物に染み汚れたる斑点。

よごれ　汚。①よごるること。けがれ。［以下略］

よごる　汚。①きたなくなる。垢じむ。けがる。俗に、よごれる。［以下略］

などと出ていますが、「汚染」については何も書かれていません。

明治の国語辞書では、「汚染」の語を見出し語で載せる辞書は少なく、汚れる・けがすなどと比べて日常的に使われた語ではないことがわかります。「汚染」を取り上げている辞書でも「しみ」について書かれることが多いのです。

九・二・五　大正以降の国語辞書の「汚染」

「汚染」は大正期以降の国語辞書にはどれにも登場するようになります。『大日本』には、

を・せん　汚染　けがれそまること。よごるること。よごれ。しみ。兌換銀行券条例第十条「兌換銀行券の汚染毀損等によりて通用し難きもの」［以下略］

として採録され、昭和初期の『大辞典』には、

オセン　汚染（をせん）　けがしそむる。けがすこと。［以下略］

と書かれています。大正・昭和初期の「汚染」の意味は、明治の教科書の場合と同じように物が「汚

れる」ことで、『大日本』の用例も、汚れた紙幣のことを述べる条例から引かれています。

以上に見てきたとおり、昭和の初期までの「汚染」は、体の部分や衣類など身の回りの物が汚れる意味の漢語として使われていました。

しかし、戦後は、昭和二〇（1945）年の原爆投下による放射能汚染という現実を受けて、また、戦後の経済成長と共に起こった大気汚染による環境問題がクローズアップされて、「汚染」の語の意味が大きく変わりました。そのあたりの経緯を探るために、戦前から戦後にかけて発行された国語辞書を調べてみます。昭和一七（1942）年発行の『明解』では、

お・せん【汚染】〔名〕よごれ。しみ。

と、『大日本』、『大辞典』と同じような書き方でした。ところが、同辞書の戦後に出た『明解国語辞典（改訂版）』（1952）では

お・せん【汚染】（名・自サ）㊀〔文〕よごれ。しみ。㊁〔理〕（細菌・ガス・放射線の有毒成分で）よごすこと。

と、すっかり書き換えられました。品詞は、名詞だけだったものに、「自サ」と動詞が加わり、語釈の「よごれ。しみ」の意の「汚染」は文章語と枠づけられました。動詞は自動詞と記されています。語義が新たに②として加わりました。「有毒成分でよごす」という、非常に危険な大規模な汚れ方をするというものです。

昭和三五（1960）年に初版が刊行された『三国』は前の『明解』の姉妹辞書とされるものですが、

おせん〔汚染〕（名・自サ）㊀〔文〕よごれ。しみ。㊁〔理〕〔細菌・ガス・放射線などの毒で〕よごれること。

と、やはり、似た語釈になっています。この辞書では、初版の、語義を二つに分けて、従来の「よごれ・しみ」を第一義としてガスなどの汚染を第二義とする扱いを第六版まで続けてきていましたが、第七版で他動詞を加え、第一義を削除しました。そして、〔理〕以下を少し改めました。現行の第八版はこれを踏襲しています。

おせん〔汚染〕（名・自他サ）〔理〕〔細菌（さいきん）・ガス・放射性物質など〕有害なものがついたりまざったりして、よごれること。また、よごすこと。「海洋―」

初版から六版までの㊀が削除されたということは、今では衣服のよごれや、しみなどは「汚染」とは言わないということです。

昭和三八（1963）年に初版が出た『岩国』では、

おせん**【汚染】**《名・ス自》（空気・水・食物などが）放射能・細菌・ちりなどでよごされること。

とされ、自動詞扱いでそれまでの辞書では第一義であった「よごれ。しみ」という身の回りの汚れの語義は最初から取り除かれています。現行の第八版では、

おせん**【汚染】**《名・ス自他》（空気・水・食物などが）放射性物質・有害物質・細菌・塵（ちり）などで

よごされること。よごすこと。「環境—」と、品詞が「自他動」となり、「有毒物質」が加わり、他動詞の語釈の「よごすこと」と、、用例に「環境汚染」が加えられました。

九・二・六 「汚染」のまとめ

こうした「汚染」の意味の変化が、介護現場でこの語が使われることに対する違和感の原因となっています。介護の現場では、現在、［22］［26］［28］のように、排泄物で衣服が汚れたり、体の一部が汚されたりすることなどを「汚染」と表現しています。明治期の看護教育では、排泄物のほかにも薬品に触れて汚れる意味での「汚染」もよく使っていましたが、現在では汚す主体が限られてきています。

さらに「汚染」の語が使われ続けることには、もう一つ大きな問題があります。戦前の辞書と戦後の辞書の変化で明らかになったように、現在の「汚染」の意味は明治時代とは大きく変わってきています。現代の日本語では「汚染」の意味は、手や衣服の「よごれ。しみ」のようなものとは考えられず、国語辞書に書かれているような「放射能や細菌によって空気や環境がよごされること」と考えられています。

そうした「汚染」だから、介護記録に「尿汚染」したと書かれたのを読んだ家族は当惑します。自分の親が排泄に失敗して、施設のフロアー一面を汚してしまったのかと、とんでもない悪いことをしたと、身の置き場もなくなります。

介護の現場からすれば、明治から使われてきたことばだから、その伝統を守り続けてきたということかもしれません。しかし、語の意味が変わってしまっているのに同じ語を使い続けることは伝統を守ることにはならないでしょう。用語の中身が変わっていることに気づいてほしいです。そして、変化した時代にふさわしい用語を使うようにしてほしいと思います。

# 第十章　「清拭」の歴史

介護や看護の現場では一般的に使われていて、日常生活では全く使われないことばの一つに「清拭」があります。一般の人々にとっては、「セイシキ」ということばを聞いたら、おそらく「正式」だと思うでしょう。体をふくこととは想像もしないでしょう。こんなエピソードがあります。

インドネシアからＥＰＡのプログラムで来日して、ある介護施設で研修していたＥさんの例です。仕事の休みの日に日本人の同僚Ｈさんの家に遊びに行きました。暑い時でした。Ｈさんの家に入るなり「汗かいたからセイシキします」と洗面所に直行しました。Ｈさんのお母さんは何のことだかわからず、Ｅさんの日本語がまだ不十分なせいだと思ってしまいました。

これは外国人が日本語を習うときに時々起こる逆転現象の一つです。Ｅさんは職場でまず「清拭」ということばを習って、お風呂に入れない利用者さんの体をふく介護をしていたのでしょう。汗をかいたときなど普通に言う「体をふく」ということばよりも先に「セイシキ」をマスターしたのです。

そして普通の人が汗をかいて体をふくことも「清拭」というのだと誤解して、使ってしまったのです。Hさんのお母さんは「セイシキ」ということばを知らなかったので、Eさんはやっぱりまだ日本語をよく知らないんだと思ってしまったのです。せっかく難しいことばをマスターしたのに、日本人のお母さんも知らないことばだったから、Eさんには気の毒でした。

ことほどさように、介護のことばには普通の日本人にはわからないことばが多いのです。こうした一般の使い方とかけ離れた用語がどのようにして使われてきたのか、このことばの意味や使われ方を調べてみたいと思います。

## 十・一　現在の「清拭」

介護士養成テキストにはいろいろな「清拭」の例がみられます。

［1］　体調が悪く体力が低下し、入浴やシャワー浴ができなくなった場合［…］などは、タオルで身体を拭く「清拭」で、利用者の清潔を保ちます。清拭には全身清拭と部分清拭があります。（C7, p.243）

［2］　口腔ケア：口腔前庭部などの粘膜や舌をスポンジブラシや綿棒で清拭する。（K11, p.34）

［3］　トイレの便座はアルコール綿による清拭［…］を徹底する。（K6, p.174）

［1］の例では、清拭とは、入浴の代わりにからだを清潔にするために、タオルで体を拭くことと、清拭の語の説明がされています。そのことばで、全身清拭と、部分清拭の複合語の例も示されます。［2］は、口の中の粘膜や舌をきれいにすることです。［3］では、体ではなく便座を清潔にすることです。清潔にする対象は身体だけでなく、器具や道具にも広がっています。介護士養成テキストでは、「清拭」の語の意味範囲が広くていろいろな使われ方をしています。

次は介護福祉士国家試験問題の「清拭」です。国家試験でも、このことばはよく出題されています。

［4］Kさんのからだの清潔を保つための方法として、最も適切なものを1つ選びなさい。

1　冷たい水で清拭をする。　2　乾布清拭をする。　5　アルコールで清拭をする。

（第29回　総合2問題118選択肢1・2・5）

［5］おむつで排泄を行っている利用者の陰部の清拭に関する次の記述のうち、適当なものを1つ選びなさい。

1　排便がなければ、殿部の清拭は省略できる。

4　男性の清拭の回数は、女性より少なくてよい。（第30回　問題48設問文・選択肢1・4）

など、毎回のようにこの語は出題されていますが「清拭」の対象としては、身体だけで、器具を清潔にするような例は見当たりません。

ここで、現在の介護の用語辞典で「清拭」の意味を見ておきます。

『実用介護辞典』

清拭【清拭】bed bath からだを拭(ふ)いて清潔にすること。ベッドに寝ている患者の全身や局部を、温かいぬれたタオルで拭くのは、安静看護技術の一つである。〔中略〕清拭は汗をかいたときや入浴できない特別な事情がある場合にのみ行うべきで、間違っても入浴の代わりにしてはならない。

『介護福祉士基本用語辞典』

清拭(せいしき)　きれいに拭き清めること。身体の状態が悪く、入浴ができない場合などに身体をタオルで拭く。〔以下略〕

やはり、「清拭」をする対象は体だけです。

## 十・二　明治期の看護教科書の「清拭」

明治期の看護教科書類で、「清拭」の語がいつごろから使われているのか見ていきます。日本で最初の看護婦学校、慈恵医大看護婦教育所の教科書ではこの語は出ていません。体を清潔にすることは看護学としても重要項目の一つなので、一つの章が立てられていますがそこには、「身体拭浄法」と見出しが立てられ、「拭浄」の語が使われます。

［6］　毎日身体ヲ拭浄スルハ極メテ快キ者ナリ。（看護婦自身が）、毎日体を拭き清めるのはとても気持ちがいいものです）（p.3）

［7］　拭浄法ハ病床ニ於テ病者ノ身体ヲ拭浄スルニ主トシテ注意スヘキハ護謨布ト引布トヲ以テ病床ノ湿ルヲ防ギ病者ノ両手ヲ袖ヨリ脱シ拭浄シタル後、温暖乾燥ノ襦袢ヲ着セシムルコトアリ。（拭浄法はベッドで病人の体を拭き清めるのだが、注意する点は、ゴム布と引き布でベッドが湿るのを防ぐこと、また、両腕を寝巻の袖から出して拭き清めた後は温かく乾いた寝巻を着せることです）（p.72）

「拭浄」は漢字が示すとおり、拭い浄める、つまり拭いてきれいにすることです。［6］では、看護婦自身が体をふくと気持ちがいいと言っています。介護辞典では入浴できない人にベッドの上でからだを拭くということでしたが、ここでは元気な人が体を拭いてもいいわけです。範囲が広くなっています。Eさんの「汗かいたからセイシキします」も間違いではなくなりますね。［7］は辞典と同じでベッド上の病人です。明治の小学生用の教科書である『牙氏初学須知』（1876）にも「拭浄」のことばが見られます。「身体の浄潔」の章で、

［8］　其覆ハレテ　外気ニ触接セザル部分ハ、微温湯ヲ以テ屡之ヲ拭浄センコトヲ緊要トス。（衣服に覆われて外気に触れない部分は、ぬるま湯でときどきここを拭き清めることが大事です）

（巻十 p.18）

ここでも病人に限ったことでなく、一般の人の場合に皮膚を清潔にしておくことが必要という文の中で使われています。

日本赤十字社の篤志婦人会の講習会で使われた『日赤看護法』では、「清拭」と「浄拭」のことばが使われています。

［9］大便失禁（だいべんしっきん／たえづつうじてとまらぬ）スル者ニ在テハ［…］毎回（まいくわい／つど〳〵）皮膚（ひふ／はだへ）ヲ清拭（せいし／のごいきよむ）スヘシ。（大便を漏らす患者の場合は毎回皮膚を拭き清めなさい）（p.60）

［10］病者ノ身体汚穢（おくわい／きたなき）ナルトキハ此際（このとき）能ク浄拭（じやうしよく／ぬぐひとる）スヘシ。（病人のからだが汚れているときは、よく汚れを拭きとりなさい）（p.10）

「清拭」は、読みルビが「せいし」、意味ルビが「のごいきよむ＝ぬぐいきよめる」となっています。「清拭」は「皮膚をぬぐいきよめる」というのですから、現在のテキストや国家試験の使い方と同じです。ただ読みルビでは「せいし」となっていて、「せいしき」とは読んでいません。

「浄拭」は、読みルビで「ジョウショク」、意味ルビで「ぬぐひとる」となっていますが、「ぬぐひとる」と［9］の「ぬぐいきよめる」とは、意味が違うのでしょうか。「ぬぐいとる」はついている汚物を拭いて取り去る、「ぬぐいきよめる」は汚れていた部分を拭いてきれいにする、ということで少し意味が違います。ですが、看護する人の仕事としては同じことだと思われます。次の例でそれがわかります。

同じ年に出された安藤義松の『看病学』では、

［11］　病者ノ入院スルトキ［…］身体汚穢ナル者ハ此際直ニ清拭シ特ニ負傷者ニ於テハ創口ノ近傍ヲ清ク拭フベシ。（病人が入院するトキ［…］体が汚れている人の場合はすぐに拭き清めて、特に負傷者の場合は傷口の近くをきれいに拭きなさい）（p.8）

と、「身体汚穢なる」病人に対して「清拭」すると言っていますが、［10］では「身体汚穢なる」病人を「浄拭」すると言っています。つまり、同じことを一方で「清拭」と言い、もう一方では「浄拭」と言っているのです。この例の「清拭」にはルビがないのでどう読ませていたかはわからないのですが、「清く拭フベシ」とも言っていますので、［9］の「清拭」と同じことばと考えられます。

『日赤看護学』では、

［12］　身体汚穢トナルモ入浴セシメ難キトキハ時々身体ヲ清拭スヘシ。（体が汚れていても入浴が難しいときは、時々体を拭き清めなさい）（p.219）

［13］　病室ノ臥牀ハ毎日湿ヒタル雑巾ニテ丁寧ニ清拭スヘシ。（病室のベッドは、毎日濡れた雑巾で丁寧に拭き清めなさい）（p.94）

［14］　常用石炭酸水ハ多クハ看護者ノ手指、患者ノ身体、器具等ヲ洗滌シ或ハ清拭シ又外科器械ヲ浸漬スルニ用ヒ（常用石炭酸水は主に看護者の手や指、患者の体、器具などを洗ったり拭いた

りし、また外科の器械を漬けるのに使い）（p.160）

など、たびたび「清拭」のことばが出てきます。「清拭」する物も［12］は汚れた体、［13］は臥床、すなわち今のベッド、［14］は看護者の手や指、患者の体、器具にまで広がっています。この教科書では「拭浄」の語は使われていません。

慈恵医大の教育所で教育を受けて看護婦になった平野鐙の書いた『看病の心得』では、「拭浄」が使われています。自分の学んだ『慈恵看護学』のことばを引き継いでいるのです。

［15］（三）牀中拭浄法　牀中に於て病者の身体を拭浄する法を云ふ［…］偖拭浄するに臨んで［…］手拭は可成堅く且つ屡々絞り換へ一部分づゝ拭浄め決して全身を一時に曝露せしむること勿れ。（（三）床中拭浄法　床の中で病人の体を拭き清める方法を云う。［…］さて拭き清めるときは［…］手拭いをなるべく固く絞って、また時々絞りなおして一部分ずつふききよめ、決して全身を一時にさらさせてはいけません）（p.44）

平野が学んだ教科書では［6］の「拭浄スル」、［7］の「拭浄法ハ病床に於て病者の身体を拭浄スル」のように記され、サ変動詞として使われていました。サ変ですから「拭浄」は音読みで読まれていたはずです。平野の本では「拭浄」が拭浄（しきじやう）、拭浄（ふきてきれいに）する、拭浄（しじやう）する、拭浄（ふききよ）めと4回使われ、読みルビで「しきじやう」「しじやう」、意味ルビで「ふきてきれいに」「ふききよめ」と、それぞれ2種類のルビがつけられています。「拭浄」を「しじゃう」とルビを振っているのは、［9］の「清拭」のルビ

「せいし」と同じで、「拭」を「し」と読む例です。意味ルビの「ふきてきれいに」と「ふききよめ」は「きれいに」と「きよめ」が違いますが、「きれいにする」は「美しくする」と「清潔にする」の意味がありますので、「清くする」と共通するわけです。

教科書ではなく、一般の人向けの看護法の本もたくさん出ていますのでそちらも見ていきましょう。『通俗看病法』には「清拭」の語は使われていなくて、「清拭」「拭浄」に当たることばとして「拭う」「口中を掃除する」が見られます。

［16］　肺病者の皮膚を清潔にするは極めて肝要なり重病者は毎日体を温の水にて身体を拭ふべし。
（結核の病人の皮膚を清潔にするのは非常に大切なことです。重病の病人は毎日体を温かいお湯で拭きなさい）（p.74）

［17］　看護人は時々布にて重病者の口中を掃除し悪臭の予防をなすべし。（看護者は時々布で重病の病人の口のなかをきれいにし悪臭が出ないようにしなさい）（p.92）

皮膚を清潔に保つために温湯につけた布を絞って拭くのですから、看護教科書の「清拭」「拭浄」と同じことです。こうした専門語を使わずに同じことを言っているわけです。「口中を掃除する」は今の表現から見たらおかしな言い方ですが、当時は部屋や庭を掃除するだけでなく、体をきれいにするときにも使っていたようです。京都看病婦学校の教科書『普通看病学』には、

［18］　女の入院患者ある毎に看護婦をして厳重に其髪を、掃除せしめ（女性の入院患者があるたび

に看護婦に厳しくいって髪を洗わせ）（p.51）

と、「髪を掃除する」という例も出ています。

さて、もう少し一般書の「清拭」を見ていきましょう。女性用の教養書『婦女宝鑑』（1911）にも専門用語の「清拭」は見られません。漢語としての「清拭」は出てこないのですが、［9］の意味ルビと同じ「拭い清める」の例や［16］と同じ「拭ふ」があります。

［19］病人自ら之を為し能はざる場合には看護者に於て湿りたる布を以て病人の口を拭ひ清め（病人自身がうがいができない場合には、看護者が湿った布で病人の口の中を拭いてきれいにし（p.499）

［20］入浴せしめ得ざる病人ならば温湯にて湿したる手拭を以て全身を徐ろに拭ふべし。（入浴させることのできない病人だったら温湯で湿らせた手拭いで全身をゆっくりと拭きなさい）（p.500）

看護学の専門書では、「清拭」「拭浄」などの専門用語を使い、一般書では「拭い清める」「拭く」などの日常語を使うというあり方が続いてきました。大正時代に入ってもその傾向は続いていました。大正六（1917）年刊行の『簡明看護学』では、

［21］浄拭　毎日一二回、暖かき湯に浸したる布片を能く絞りて全身を拭ひ、後乾きたる布にて更に拭ひ乾かすべし、又浄拭を以て、入浴に代ふるときは暖かなる時を撰び石鹸を用ひてよく全

身を拭ひ、更に温湯にて拭ふべし。尚ほ発汗時、及排便、排尿、時毎に必ず清拭すべし。（浄拭　毎日一二回温かい湯に浸した布をよく絞って全身を拭き、その後で乾いた布でよく拭いて乾かしなさい。また浄拭で入浴に代えるときは暖かい時を選んで石鹸をよく使って全身をよく拭き、もういちど温湯で拭きなさい。汗をかいたとき、排便・排尿のときはそのたびに必ず拭き清めなさい）（p.173）

同じ文章の中で、同じように体をきれいに拭くことを「浄拭」と「清拭」の2語で表現しています。この2語は結局どちらも同じ意味だということです。清拭＝セイショクと少し現在の音に近づきました。

大正一四（1925）年刊行の『近世看護学教科書下』では、

［22］　入浴不可能者には温湿布拭浄を行ひ［…］衰弱せる患者は、微温水或は微温硼酸水の類を以て口中を拭浄し、［…］手指は時々拭浄し［…］失禁者に在つては、時々温湿布にて拭浄することを怠つてはならぬ。（入浴のできない人には温湿布の拭浄を行い、［…］衰弱している患者にはぬるまゆかぬるめの硼酸水などで口の中を拭き清め［…］手や指は時々洗い清め［…］失禁した人の場合は時々温湿布で拭き清めることを怠けてはいけない）（p.19）

同じ文の中で何度も「拭浄」のことばを使っています。「清拭」のことばは見えません。

## 十・三　看護婦用の字引

『看護摘要』では、見出し語としては「清拭」はないのですが、巻末の「看護日誌摘要字引附録」の「◎屍体の処置」として書かれる文章の中に使われています。

[23]　汚液ノ漏出セル部ニハ悉ク脱脂綿ヲ挿入シテ之ヲ防ギ、全身ヲ清拭ス。（汚液が漏れ出る部位には、すべて脱脂綿を挿入して漏れるのを防ぎ、全身をきれいに拭きます）（p.49）

と、本来の「清拭」の語が使われ、現在と同じ「セイシキ」のルビが振られています。

『産婆看護婦字引』は、

セイシキ　清拭　キレイニフク

『熟語字典』は、

清拭　ヌグヒキヨメルコト。

として載せられています。この2冊の字引・字典には、「浄拭」「拭浄」はありません。看護婦や産婆のための字引では「清拭」の語が載せられていて、このあたりから、看護の分野で「清拭＝セイシキ」に絞られていったようです。

## 十・四　明治以降の「清拭」のまとめ

明治初期の看護学では、衰弱していたり、病気などで入浴できない人の体を清潔に保つために濡れたタオルなどで拭くという看護婦の仕事のことを、専門用語として「浄拭」「拭浄」「清拭」と言っています。〔9〕〔10〕は同じ教科書ですが、〔9〕で「清拭」、〔10〕で「浄拭」を使っています。また、〔21〕は同じ文章の中で「浄拭」と「清拭」を使っていました。「清拭」の読み方も〔9〕では「清拭（せいし）」、〔21〕では「清拭（せいしょく）」、〔23〕では「清拭（せいしき）」と3種類の読み方がされています。専門用語として一つに集約され、読み方も一定しているという状態ではなかったのです。どれを使ってもよいという時期だったのです。一般の教養書である『通俗看病法』や、『婦女宝鑑』は身体を清潔にする行為として教科書のような漢語の語彙はなく、そこでは「拭う」「（口中を）掃除する」「拭い清める」などの日常のことばが使われていて、教科書類とは違う使い方をしていました。

## 十・五　国会図書館デジタルコレクションでみる「清拭」

ここでは、国会デジタルコレクションを検索しながら、「清拭」の使われ方をざっと見てみます。

明治以来の書名目次で「清拭」の総件数は792件です。（二〇二一年7月4日閲覧）

最初の例は明治一一（1878）年の『孛国陸軍歩兵教典、前編』の中で「手銃一般の注意及び清拭」として使われています。2例目と4例目も武器を手入れすることとして「清拭」が使われています。3例目は明治三〇（1897）年の『売薬製剤備考』の中で、「容器の清拭法」として用いられ、薬品を入れる容器を清潔にする方法として「清拭」の語が使われています。5例目は明治三六（1903）年の『産牛新論』の中で次のように使われています。

[24]　清拭トハ根櫛、毛櫛、鉄櫛、布片、藁束等ヲ以テ体躯皮膚ヲ掃除スルヲ云フ体躯皮膚ノ清拭ハ必要欠クベカラザルモノニシテ（清拭とは根櫛、毛櫛、鉄櫛、布きれ、藁束などで体や皮膚をきれいすることを言う。体と皮膚を拭き清めることは必要で欠かせないもので）（p.151）

つまり、牛の皮膚を拭き清めて清潔にすることです。ここにも「皮膚を掃除する」として、掃除＝体をきれいにする　の用例が見られます。

第6例目に初めて人間の体の「清拭」が登場します。明治三八（1905）年の『充填学』の中で

[25]　歯牙ニ於ケル沈着物ヲ除去シテ之レヲ清拭セザルベカラズ。（歯についている物を取り除いて、これを拭き清めなければならない）（p.88）

として口の中の「清拭」の例が出てきます。

看護学で多く使われる体や皮膚の清拭の例は『自然療法指導書、第三』（1926）の中にみられます。

[26]　9．重症時に於ける皮膚清拭の姿勢体験

表１　清拭の対象

| | 体の清拭 | 器具の清拭 | 動物の清拭 | 不明 | 計 |
|---|---|---|---|---|---|
| 1870~1899 | 0 | 4 | 0 | 1 | 5 |
| 1900~1909 | 1 | 0 | 1 | 0 | 2 |
| 1910~1919 | 1 | 7 | 0 | 3 | 11 |
| 1920~1929 | 4 | 3 | 1 | 5 | 13 |
| 1930~1939 | 1 | 4 | 3 | 3 | 11 |
| 1940~1949 | 1 | 6 | 3 | 5 | 15 |
| 1950~1959 | 40 | 1 | 9 | 0 | 50 |
| 1960~1969 | 61 | 2 | 5 | 1 | 69 |
| 1970~1979 | 23 | 8 | 1 | 3 | 35 |
| 1980~1989 | 23 | 9 | 1 | 0 | 33 |
| 1990~1999 | 34 | 8 | 0 | 0 | 42 |

> 重態時及び衰弱時は［…］仰臥の姿勢にて看護人の手によつて清拭するのである
> 一．背部を清拭する場合は頭部と腰部に少し力を入れ背部を上げ清拭し、腰部を清拭する場合は、背部と足端に少し力を入れ腰部を上げ清拭するのである。(p.35)

として、重態や衰弱した患者の清潔法として明治以降看護の分野で使われるようになっていた意味での「清拭」の例がみられます。

明治期から一九九九年までの件数を表にしてみます。一九四〇年代までは器具の清拭がいちばん多いのですが、五〇年代になると全体の件数が飛躍的に増え、中でも体の「清拭」が圧倒的に多くなっています。これ以降は全体数も増し、看護介護の場での「清拭」がほとんどを占めるようになっています。

同じように「浄拭」「拭浄」も検索してみると、「拭浄」は56件、「浄拭」は19件で、それぞれ「清拭」に比べてずっと少ないです。しかも拭き清める対象は「浄拭」は銃などの兵器と工芸品で、体を拭き清める例はありません。「拭浄」も、銃などが圧倒的に多いですが、体の例では先に挙げた［15］のほかは3件でした。その1例は先に挙げた［26］の同じ本の中の例です。

［27］　6．皮膚拭浄時安静の体験

皮膚を清潔にする為め、微温湯で清拭し、［…］所謂皮膚の新陳代謝を促す事は、療養上有益なるが故に必ず拭浄する事にしたのである。（p.11）

つまり、皮膚を清潔にするという同じ行為を「清拭」と言い、「拭浄」と言っているわけです。頻度としては「清拭」が圧倒的に多いので、この流れが現在の介護看護の用語に流れ込んできていることがわかります。

## 十・六　国語辞書の「清拭」

一般の国語辞書や漢和辞典ではどうなっているか、明治期から現在までの主な辞書を調べてみます。『ヘボン』『いろは』『言海』『ことばの泉』に「清拭」「浄拭」「拭浄」は載っていません。大正時代の『大字典』（1917）には、「清拭」はないのですが、「浄拭」「拭浄」は載っています。

浄拭（ジャウショク）　ぬぐひきよむること。
拭浄（ショクジャウ）　ぬぐひきよむること。

「清拭」はないのですが、

拭清（ショクセイ）　前條に同じ

と、「拭清（ショクセイ）」ということばが示されています。意味は「拭浄」と同じということです。明治時代の漢語の熟語には「覚醒」と「醒覚」、「接触」と「触接」のように、同じ語で字の順序が前後する例がよく見られます。この「拭清」も「清拭」と同じことばとみてよさそうです。

ここでの語釈「ぬぐひきよむる」が何を対象としているかは、用例がなくてわかりません。

国語辞書『大日本国語辞典』（1915~18）には、

じゃう・しょく〔浄拭　きよめぬぐふこと。ぬぐひきよむること。
しょく・じゃう〔拭浄　ぬぐひきよむること。浄拭

の2語は載っていますが、「清拭」はありません。ここでの「ぬぐひきよめる」ものがなんであるかは不明です。

昭和時代の大型国語辞書『大辞典』でも、

ショクジョー　拭浄（しよくじやう）　ぬぐひきよめること。浄拭
ジョーショク　浄拭（じやうしよく）　綺麗にぬぐひとること。ぬぐひきよめること。

の2語は載っていますが、「清拭」はありません。「浄拭」の「綺麗にぬぐひとる」の意味は、からだを清潔にすることとは違ったことを言っているようです。

「浄拭」「拭浄」の語は明治の国語辞書にはなく、大正昭和期の漢和辞典・国語辞書に採録されていますが、からだを清潔にするという意味ではなく、銃などの器物をきれいに拭くという意味で使われたようです。

現在の国語辞書ではどうでしょうか。まず『広辞苑』を初版から現行版まで見ていきます。

『広辞苑』初版

じょう・しょく【浄拭】きよくふくこと。きよぶき。

しょく・じょう【拭浄】ぬぐいきよめること。ふききよめること。

「浄拭」と「拭浄」はありますが、「清拭」はありません。しかし、「浄拭」の言い換えに「きよぶき」がでていますので、そちらも見てみます。

きよ・ぶき【清拭】ぬれた布で拭った上を、更に乾いた布で丁寧にふくこと。

「きよぶき」の表記は「清拭」とおなじです。「清拭」と書かれたのをみると、「セイシキ」と読むのか「キヨブキ」と読むのか迷ってしまうことになります。ですが、幸か不幸か「清拭＝セイシキ」の語は登録されていませんので、初版の時点では「キヨブキ」とよむことになります。意味としては3語とも、体をふくという記述はありませんし、「キヨブキ」の語釈に「更に乾いた布で丁寧にふく」とあって、体を清潔のために体をふくのとは違うようで、現在の看護介護の場での「清拭」の意味とは違うと思われます。

「清拭」は第四版（1991）から載るようになりました。

せい・しき【清拭】(bed bath) 入浴できない病人などの体を寝台の上でふいて清潔にすること。

そして現在の第七版には、

きよ・ぶき【清拭き】ぬれた布で拭いた上を、さらに乾いた布でふくこと。からぶき。

じょう・しょく【浄拭】ぬぐいきよめること。きよぶき。

しょく・じょう【拭浄】ぬぐいきよめること。

せい・しき【清拭】(bed bath) 入浴できない病人などの体を寝台の上でふいて清潔にすること。

の4語が載っています。「きよぶき」の表記が「清拭き」となって、読み方で迷う恐れはなくなりました。また、意味に「からぶき」が加わっています。「からぶき」と同義語となると、やはり体を拭く「清拭」と同じ意味とは言えなくなります。

小型国語辞典を見ます。

『三国』

きよ・ぶき【清拭き】かわいた布でふくこと。初版（1960）から

せい・しき【清拭】㊀〔文〕ふいてきれいにすること。「窓ガラスの―」㊁〔医〕ねたままの病人

のからだを、熱いタオルでふききよめること。第二版（1974）から

『新明解』

きよ・ぶき【清拭（き）】（仕上げに）かわいた布でふくこと。初版（1972）から

せい・しき【清拭】㊀ふいて、きれいにすること。「窓ガラス―」㊁寝たままの病人のからだを、熱いタオルでふき清めること。初版から

『岩国』

きよぶき【清×拭】ぬれたふきんで家具などをふいたあと、更にかわいたふきんでふくこと。初版（1963）から

せいしき【清×拭】きれいにふき清めること。特に、寝たままの病人などの体をふき清めること。第４版（1986）から

【明鏡】

きよ・ぶき【清×拭き】ぬれた布でふいたあと、仕上げとしてかわいた布でふくこと。初版（2002）から

せい・しき【清×拭】入浴できない病人などの体をふいてきれいにすること。初版から

小型の国語辞書では「浄拭」「拭浄」はどの辞書にも採録されていません。「きよぶき」はどの辞書にも初版から載せていますが、「家具などを」とか、「仕上げとして」などの記述から、やはり、看護

介護の場の「清拭（せいしき）」とは別の語であるとわかります。

「清拭（せいしき）」は『新明解』は一九七二年刊行の初版から採録していますが、他の辞書は『三国』は一九七四年の第二版から、『岩国』は一九八六年の第四版から取り入れています。

現行の国語辞書の「清拭」を整理してみます。

「浄拭」「拭浄」は『広辞苑』では「ぬぐい清めること」の語義で初版から載っていて、そのまま現在の第七版まで続いています。「浄拭」の言い換え語として「きよぶき」が出ていますので、こちらも調べますと初版から採録されています。「ぬぐいきよめる」の漢語として看護の場で明治以来「浄拭」「拭浄」「清拭」が使われてきましたが、この3語は、国会図書館のデジタルコレクションの検索でもわかったように、「銃や器具を拭いてきれいにする」意味でも使われていました。『広辞苑』の初版では「浄拭」「拭浄」は「からだを清潔にする」意味ではなく、「銃や器具をふいてきれいにする」の意味のことばとして載せられたのだと思われます。「浄拭」→きよぶき→からぶき　のつながりからそれが言えます。

「清拭」は初版では出ていません。ということは大正昭和にかけて看護の分野では「清拭」が主に使われるようになった反面、戦後その語はあまり一般的に認知されなかったので、初版では落とされた、しかし七〇年代になって看護分野での「清拭」が認知されるようになり、第四版から載るようになったということではないかと思われます。

小型の国語辞書での「清拭」は、いちばん早くて一九七二年の『新明解』からです。国語辞書が明治時代から看護の場で使われてきたことばを再発見したといえましょう。それ以来、介護が日本で次第に大きな問題になるようになったのに応じて国語辞書がこの語を取り入れるようになったと考えられます。

## 十・七 「清拭」のまとめ

「清拭」は、明治以来「人の体を清潔にする」ということを表すことばとして看護の場で使われてきました。こういうことを表すことばとしては「浄拭」「拭浄」も同じように使われていました。最初から「清拭」の語が確立して使われたのではなかったのです。同じ人の同じ文章の中で「清拭」と「浄拭」とが同時に使われている例も見ました。読みかたも「セイシ」「セイシキ」「セイショク」の3種類がありました。そうした不統一のまま使われてきて、戦後になって「清拭＝セイシキ」に統一されたということがわかってきました。ということは歴史も伝統もまだ浅いので、もっと適当な語があれば変わりうるということです。つまり「セイシキ」ときいてもわかりにくい語ですので、わかりやすい語に移行することは不可能ではないと思われます。わかりやすいことばとしては、明治時代でも日常語としてルビに使われていた「ふききよめ」「きよめぶき」のような語があります。ちょっと古めかしいでしょうか。もっと新しい感覚でいいことばが見つかるといいと思います。現場で毎日使っている人たちがいいことばを見つけ出してくださることを期待しています。

# 第十一章　用語平易化・標準化の歴史

いろいろな専門分野にはそれぞれの専門の用語があります。その用語が難しいからわかりにくいから、といって変えることができるのでしょうか。専門用語は一般人にはわからなくてもいい、難しいからこそ専門用語だなどという人もいます。専門語は、素人に本当のことをはっきりわからせないために使えるからいい、という人もいます。専門語聖域論です。専門語は当事者にとって保守すべきもの、部外者には全く口出しができない聖域の言語でしょうか。

いいえ、わかりにくい用語はよくないと、今までにも内部からも外部からも変えられ改訂されてきた歴史があります。外部からのものとしては国立国語研究所の『病院の言葉を分かりやすく——工夫の提案——』などがありますが、ここでは内部からのものとして、昭和初期に展開された医学用語改訂の動きをその一例としてたどりながら、現在の用語の変更を考えるヒントが得られないものかどうか、考えてみたいと思います。

## 十一・一　医学用語改訂の必要性

医学界では、早くも、明治の中期から用語の混乱が問題になっていて、昭和の初期には用語の整理統一が大きな運動として展開されました。現在も、痴呆症→認知症、躁鬱症→統合失調症へ変えるなど、適切でないことばの見直しは続けられています。戦前、日本医学会全体を統合する形で展開された医学用語改訂の運動は、現在でも用語を見直したり整理を考えるときに、非常に参考になると思われます。そこで、ざっとその改訂運動を見ていくことにします。

日本の解剖学の用語は『解体新書』のオランダ語原書からの訳語によっていましたが、明治以後英語やドイツ語の解剖学書が入ってきて、たくさんの翻訳書が出されるようになります。用語も著者によって違うものが使われ、明治中期には一つの部位につき複数のことばが生まれるまでになりました。明治二六（1893）年の第一回解剖学会のころからすでに用語の統一が課題となっています。同三八年に鈴木文太郎が、『解体新書』から後の語彙を照らし合わせて、ラテン語の用語と日本語のことばを両方書いた『解剖学名彙』を出版しましたが、解剖学者たちがそれぞれ自分自分のことばを使い続けたため、混乱は収まりませんでした。明治四四（1911）年の解剖学会では、石川喜直（いしかわよしなお）が「本邦に行はるる解剖学術語の不統一なるは教育上不便多ければ、之を一定されんことを希望せり（我が国で行われている解剖学の術語が不統一なのは教育上不便が多いから、これを統一されるよう希望する）」

と述べています。（澤井2012）

昭和四（1929）年、解剖学会は用語委員会を作り、西成甫（にしせいほ）らが委員となって鈴木の『解剖学名彙』を基に改訂する方針で用語の統一に向けて動き出します。こうした医学用語整理統一の動きは、国語愛護同盟など当時の国語改革運動の影響を大きく受けたものでした。（澤井・坂井2010）

## 十一・二　昭和初期の国語改革運動

医学界の用語整理統一の運動が当時の国語改革運動の影響下にあったとすれば、まずその国語改革運動の実態を把握しておく必要があります。そこで、明治以降の国語に関する国の政策や民間の動きなどを、ざっくりと見ておきます。

1. 明治三五（1902）年～大正二（1913）年　文部省、国語調査委員会設置。その方針は音韻文字の採用・言文一致体・音韻組織調査・方言調査と標準語選定。
2. 明治三八（1905）年　文部省、国語仮名遣改正案を国語調査委員会・高等教育会議に諮問。
3. 明治三八（1905）年　文部省の簡易化に反対して、国学者たちを中心とする人々が伯爵東久世通禧（ひがしくぜみちとみ）を会長に迎えて「国語会」を設立。
4. 明治四一（1908）年　文部省、臨時仮名遣調査委員会を設置し、再度諮問。文部次官に改訂反対派岡田良平が就任して、諮問案撤回。

5. 大正一〇（1921）年　臨時国語調査会発足。

6. 大正一二（1923）年　常用漢字表一九六二字と略字表一五四字　発表――関東大震災で実施延期。

7. 昭和五（1930）年　国語協会　発足、会長近衛文麿（このえふみまろ）。目的は、文部省の国語調査事業を後援・促進し、国語の整理統一を行うため。

8. 昭和七（1932）年　国語愛護同盟発足、広い視野での国語改良をめざす。

9. 昭和九（1934）年　文部省　国語審議会設置。国語の統制、漢字の調査、仮名遣の改定、文体の改善について諮問。

10. 昭和一二（1937）年　国語協会、国語愛護同盟を吸収して再発足。目的は「国語・国字の整理と改善を計り、その健全な発達を促し、国語を愛護する精神を培うこと」

明治中期から昭和初期にかけては、漢字、仮名遣い、文体などをめぐってさまざまな整備が追求された時期でした。漢字については、漢字を学ぶのに時間がかかり、教育普及に支障をきたすから制限すべきとする立場と、伝統を守るという立場から漢字は保護すべきだという立場がせめぎ合っていました。文字表記をカタカナにするとか、ローマ字にするなどの運動も活発に行われていました。文部省を中心にして、漢字制限、表音式仮名遣い制定などを推進しようとする動きが国語改革運動でした。医学用語の統一整理の運動も、こうした国語政策や文化人たちの運動とは無縁ではなく、漢字漢語の使用を減らし、国語の平易化に同調する医師たちによって推進されていました。

## 十一・三　国語改革運動と医学用語改訂の動き

昭和初期に民間の側から国語改革の運動を推進したのは国語協会で、その国語協会の中で実質的に運動を推進したのが国語愛護同盟でした。

十一・二の国語に関する動きの8.で示したように、国語愛護同盟は昭和七（1932）年7月、東京地方裁判所判事の金沢潔とその友人の賛育会病院長の河田茂らによって設立されました。当初五名の世話人で呼びかけ、第一回の例会の出席者は一一名という小さな規模の集まりでした。しかし、出席者たちの国語改革に対する熱意は盛んで、毎月研究会が開かれ、それぞれの専門家を呼んで熱心な勉強と討議が続けられました。その月例会で講話をしたのは、日本ローマ字会[1]会長田中館愛橘、カナモジカイ[2]主任マツサカタダノリ、臨時国語調査会幹事保科孝一、立教大学教授岡倉由三郎などで、国語の専門家は少なく、むしろ、各分野で幅広く国語問題を考えていた人たちでした。

同盟を設立した理由は、

（1）やさしい、素直な言葉がすたり、むずかしい漢語がむやみに使われ、聞いただけでは意味のわからない言葉などもできて、国語は乱れに乱れた。
（2）教育では、子供に非常な重荷を負わせ、かんじんな学問の程度を低くする。
（3）日常の生活や、社会方面の活動では、漢字や仮名遣のために不便を感ずることが数えきれない。

というもので、その同盟の目的とする仕事は、
（1）よい国語をもりたてること（2）文章はすべて口語体にすること（3）むずかしい漢字を使わぬこと（4）仮名遣は発音式にすること。（金沢1934: pp.78–79）
などでした。これらの目的を達するために、専門的な方面も研究運動する必要があるとして、翌昭和九（1933）年に法律、医学、経済、教育の4部会を設けました。

4分科会の一つの医学部会はその年11月に第1回会合を開いています。この会には、医学博士志賀潔、同緒方富雄、同下瀬謙太郎、解剖学会の西成甫、カナモジカイ主任松坂忠則など11人が出席しています。元陸軍軍医監の下瀬謙太郎が部会の世話人として議事を進めています。ここで、医学部会で中心的役割を果たす下瀬謙太郎について見ておきます。

安田（2018）による下瀬の略歴は、次のようです。

明治元（1868）年－昭和一九（1944）年大分県生まれ。

明治二六年東京帝国大学在学中に陸軍衛生部医科大学依託学生となり、同二九年に任官。同三四年東京帝国大学大学院に入学し内科学を修め、同三六年陸軍軍医学校教官に任官。清国駐屯軍司令部勤務、独逸留学を経て大正二年陸軍軍医学校校長。同五年陸軍軍医監。同九年退役。退役後の昭和三、四年ごろ、日本ローマ字会とカナモジカイの会員になり、同一三年からはカナモジカイの理事。エスペラントにも、第一高等学校時代から興味を持ち、同一一年にはエスペラント学会の学会誌に寄稿も。漢字を制限し、いずれは廃止して、主たる文字をローマ字やカナモジにしようと主張し運動する組織に属して、医学用語の整理統一に精力を傾ける。

『陸軍軍医学校五十年史』には歴代校長の業績が記されていますが、下瀬の項では、「辞職後ハ口語同盟幹事トシテ活躍シ、特ニ医学用語ノ統一ニ全力ヲ注ギ、学界ノ為貢献スル所少カラズ」とその功績を称えています。

さて、昭和八（1933）年の医学部会第1回会合に戻ります。会合では、まず下瀬が「あいさつ」をして次のように述べています。

医学用語の基準とすべき国語とゆうは、この耳を主とする「ラジオ」時代の昭和語に他なるまいと考えております。

今日までの医学用語は、殆ど、全部が漢語であり、読み又書くには、如何にも区別し易いかもしれませんが、耳に聞いては同音のものが多く、そのために、区別が困難であることは、われわれの常に苦痛を感じて来たところであります。その次には漢字が、もともと、複雑なものであり、音訓や字義を学ぶことも容易でなく、読み誤り、書き誤り、従って解釈上の違いも起り易いわけであります。[…]

医学用語が、医学者に難解であつたり、難解の種であつたり、又はまちまちになつていては、学術用語の資格がないのでありますから、不良の用語については、改造なり、整理なり、統一なりの手段を取らなければなりません。これがわれわれの第一の使命である、と考えております。

(『国語の愛護』3号 pp.2–3)

と、「不良」な医学用語を改造・整理することが医学部会の使命だというのです。

ついで出席者から意見が出されていますが、カナモジカイ主任の松坂忠則は「看護兵教程の文字文章中改められたい諸点」として当局に提出したという覚書を紹介しています。その趣旨は以下のようなものでした。

1. 句読点を施す。
2. カナに濁点半濁点を施す。
3. 漢字は義務教育で学ぶ一三五六字の範囲をタテマエとし、やむを得ぬ事情で、それ以外のものを使う場合はフリガナをつける。例えば、齅、纏、絲瓜のような文字が必要ならフリガナを。「竊に」などはカナガキに、膵、失禁、壊疽、足蹠などの教育上に困難な用語はなるべく分り

やすいコトバに。（『国語の愛護』3号 pp.7–8）

句読点をつける、仮名に濁点をつけることがまだ徹底していなかった時代だということがまずわかります。

この会合で陸軍軍医監の安井洋が、

漢字とゆうものは、本来、発音の種類の少いもので、組立てても、同音異義のコトバが多くなり、耳に聞くコトバとして極めて不適当なものになりがちです。それゆえ［…］術語には、つとめて、和語を採用し、一語でも漢語を減らすことを計りたいと存じます。（『国語の愛護』3号 p.10）

と和語の採用を強調しています。

## 十一・四　医学用語を選ぶ方針

こうした話し合いを経て第2回医学部会（1934年1月）では「医学用語を選ぶ方針」を決定しています。

「方針」は、先ずⅠ 一般方針、Ⅱ 用語に関する方針、Ⅲ 医学文書に関するその他の希望、Ⅳ 実行の方法に関する希望、と4本の柱が立てられます。Ⅰの（1）で、文部省臨時国語調査会の発表している常用漢字、漢語整理案、仮名遣改定案等の精神を重んじ、なるべくその趣旨に従うこと」

（3）「医学の各分科会等で既に成案あるものは、なるべく、これを重んじ、全科用語統一資料とすること」としています。ここで、当時の国語政策に対する国語愛護同盟の姿勢が明らかにされ、また、医学会全体に対する同盟の働きかけも見えてきます。すなわち、愛護同盟の医学用語統一は、当時の国家的な国語改革の流れに沿うものであり、また同盟の活動が医学会全体を動かそうとしているものであるということです。

Ⅱに、19項目にわたる「用語に関する方針」が掲げられています。この方針が用語改訂を推進する骨組になるもので、また現在の医療用語を考える上でとても示唆に富んでいますので、詳しく紹介したいと思います。19項目のうち、ここでは、本稿の主題である介護用語の平易化と関係のある項目だけを取り上げ、例として挙げられている語の中では、主として介護の用語と関連のある語だけを引用します。

（1）用語は耳に入り易く、かつ口に言い易いものを選ぶこと。

（2）漢語は、差支なき限り、訓読みのことばにすること。例　顔面　を　顔（カオ）に、移行スル　を　移リ行ク　に、眩暈　を　メマイ　に、投与スル　を　与エル　に。

（3）複雑な漢字は、差支なき限り、簡易な文字に代え、已むを得ない場合は「フリガナ」を施すこと。例、纈草酸を吉草酸に、袪痰剤を去痰剤に。

（4）耳と口とに慣れた、よい漢語には整理を加えないこと。例、運動、健康、予防、手術

（5）よい国語あるものは、これを学術語に取入れること。例、ハキケ（悪心）、ネアセ（盗汗）

（6）俗語と考えられるものも、適当なものは医学用語に取入れること。例、ヒキツケ（痙攣）、
　ネガエリ（反側）

（8）同音異義の用語は適当に改めること。例　感染／寒戦／汗腺、患側／患足

（11）字義に特別の要求なき限り、漢語を整理し、なるべく、平易なことばを使うこと。
　例、洗滌 を 洗ウ、洗イ に、喀痰 を 痰 に、処置 を 手当 に

（12）複雑なる漢語は、差支なき限り、仮名書きとすること。例、テンカン（癲癇）ルイレキ
（瘰癧）

（14）…性、…的、…式、…化の濫用を避けること。
例　女性性●ホルモン、絶対的●価値、石原氏式●試視力表、電気化●時代（●の字は省き、又は助詞
　ノを以て代え得る例）

（15）漢訳よりも寧ろ原語に親しみある外国語は、適当なものに限り、外来語として取入れること。
　例、イレウス（腸閉塞症）、ヘルニヤ（脱腸）、ピンセット（鑷子）

（16）外来語は、国語に同化したもの、又は同化し得るものであれば、必要ある場合に限り、学術
語に取入れること。例、ガーゼ、マッサージ、レンズ（『国語の愛護』3号 **pp.23–24**）

当時通用していた医学用語でわかりにくいものを、漢字の用法の点、漢語の読み方の点、難解な漢字の回避、日常語としての和語の導入、外来語の受容、など広範囲に目を配っています。(6)で俗語の採用を述べていますが、ここでいう俗語とは既にたびたび述べてきたとおり、低俗・卑俗なことばの意味ではなく、「ヒキツケ」のように世間で日常的に使われていることばのことです。また(14)は、日本語学の接辞の観点からの指摘で、医学用語の整理統一を主張する医師たちの幅広い目くばりがうかがわれます。

こうした「方針」で用語の整理統一を図るための運動を進めていきますが、医学部会の話し合いや下瀬の論文で、「耳を主とする」「和語を採用し」など、用語の整理の方向として和語の採用が多く論じられていますので、ここで、医師たちの和語の採用に関する考え方を見ておきます。

西成甫(1934: p.17)は、解剖学の用語の選定に携わった経過として

> 吾々の標準は、文部省案の平易な言葉を採り、伝統に囚はれざる語感のよいものを選んだが、将来は耳に依つて諒解される言葉を選ぶべきであることを痛感する。

と、伝統にとらわれず語感の良いものを選んだことと、将来は耳でわかる言葉を選ぶべきと言っています。安井洋(1940: p.18)は、

> 漢字崇拝の思想を撲滅して出来るだけ固有の日本語を復活する運動を必要とする。コメの事を米穀だのハシのことを橋梁だの、横断歩道だの灯火管制だのといつたやうな難渋な言葉を次第に

> 減少して行くことに努めなくてはならない。［…］名詞殊に術語としての漢語廃止は容易の事ではないが、動詞や形容詞のやうな用言ならば、今日でも全く漢語を廃し、固有の日本語に統一することは敢て困難ではないと思ふ。［…］ウツクシイ、カタイといへばよいものを美麗なるとか堅固なるとか書いたり、ミチビク、マゼルといつてすむものを指導するとか混合するとか書いてゐるのである。

と、「固有の日本語」を復活させること、その際、漢語の名詞の変更は簡単ではないが、動詞・形容詞のできるところから順に手をつけていくことを主張しています。

下瀬謙太郎（1936: p.62）は、

> 言葉のやはらかみ、なだらかさ、明朗さから国語の長所が医界の人々に認められて来れば、学術的の口述、論著にも自然応用を見るやうになり、［…］いつかは国語だくさんの医学用語が出来上り、医学の文章と言葉とがこれより面目を一新するやうになるのであらう。［…］学修に脳力を徒費せず、業績の発表に手数のかゝらぬ丈でも、学界は之を歓迎するのではあるまいか。

と、和語の持つ特徴が医学界で理解されれば、それが広がり、「国語だくさん」の医学用語ができあがるだろうと、面白い表現をしています。しかも、漢字習得や表現に時間と労力を取られなくてすむから歓迎されるはずという楽天的な見方も示しています。

## 十一・五　医学会全体への働きかけ

「方針」に戻りますが、医学部会では用語改訂の運動としての進め方も考えられています。「方針」のあとに、「Ⅳ 実行の方法に関する希望」の項目が加えられ、「分科会毎に、先ず主要語彙を選んで、これを標準用語と定め、［…］なるべく速かに、全科に亙る用語の決定案を完成すること」（『国語の愛護』3号 p.28）と記しています。すなわち、外科・内科・小児科などの各科で用語の整理統一を行い、それを医学会に持ち寄って全体の用語をまとめるという段取りが考えられていました。医学部会の医師たちが各科に働きかけていったのですが、たくさんの科が一斉に動くということはありえないことで、昭和一二年の段階では、「さて今、現に用語選定を終つた分科会を数へて見ますると、眼科、解剖、産婦人科、寄生虫病学科位なもので、生化学、生理学、病理、細菌、整形、「レントゲン」、皮膚、耳鼻、精神科等は今方にその半途に居るものであります」（下瀬1937: p.19）と進捗状況はまちまちでした。

国語愛護同盟の医学部会の医学会全体への働きかけとしては、まず、昭和九（1934）年の第9回医学会に向けて動きますが、開会に接近していたため、学会運営上の時間的の余裕がなくて、取り上げられずに終わりました。ついで、昭和一三（1938）年第10回を前に、国語愛護同盟が合同吸収された国語協会の医部会の会員で、前医学会の会頭であった入沢達吉が、森島庫太会頭に申し入れをします。医学会内に用語問題を中心とする一分科会を新設するか、もしくは継続事業として調査部を設置するかを求めるというものでした。その結果第10回大会で、「日本医学会は継続事項として医学用語調査委員会を設け、各学会協力の下に医学用語を調査し、その整理を行ふ」という決議が行われます。医学会全体で用語改訂に取り組む総意が形成されたのです。

その決議を受けて、昭和一五（1940）年第11回日本医学会の長与又郎会頭が医学用語整理委員に用語事業を嘱託することにし、日本医学会各分科会から委員が選出されます。整理委員会が50回以上の協議を重ねた末、昭和一七（1942）年の第12回医学会で、特に重要な医学用語を「第一次選定」として選びだし、同一八（1943）年『医学用語集　第一次選定』（以下『一次選定』）として刊行されました。こうしてついに国語愛護同盟の時代から会合を重ねて協議し、奔走してきた医師たちの念願が実ったのです。（澤井・坂井2010: p.44）

『一次選定』の序文に、第11回日本医学会医学用語整理委員会委員長の木下正中が以下のように述べています。

> 近年に至つて［…］医学用語にはかなり大きな混乱が起り、時によつてはその混乱のために事実を誤解するやうなことも起る惧れが生じたのである。それに対してでき得る限りの整理を試みたいといふ考へが昭和七、八年頃から国語愛護同盟（後に国語協会に合同）医学部会の有志者の間に起つた。これが今日の医学用語整理の事業が起つた源と考へられる。（p.1）

用語整理の事業が国語愛護同盟（後の国語協会）の医学部会の働きかけであることを明らかにしています。さらに同序文には、その選定の方針として、

大体は耳からきいて理解し易くすることを主とし、なるべく国語と慣用語とを用ひること、同音で意義の異る語を少くすること、同じ意義でまちまちのものをなるべく統一すること、字画の複雑なものまたは誤り易いものなどを避けること、外来語や外国語などは必ずしも固有の発音に拘泥せず国語としての用ひ方の便利なやうに考へること（p.2）

などを挙げています。これは、下瀬が国語愛護同盟の医学部会で提案した「医学用語を選ぶ方針」に沿ったものです。この『一次選定』を選定した医学用語整理委員会には下瀬謙太郎・緒方富雄・西成甫ら国語愛護同盟（後の国語協会）医学部会のメンバーが入っていることからも、国語愛護同盟設立以降の活動の結果であることが明らかです。

## 十一・六　用語改訂の実際と継承

『一次選定』は、三部に分かれていて、一部は解剖学・組織学・発生学、二部は微生物・寄生虫、三部は一般（第一部、第二部以外のもの）となっています。選ばれた語数は、重なっているものもあって正確に数えられませんが、だいたい一部二部が二六〇〇語、三部九四〇〇語です。凡例による

と、「各分科に於て頻繁に使用する語、重要な語、乃至一定の系統上必要な語等である」語ということです。その中で、改訂運動をしながら下瀬や安井が「和語を採用」と言い、「方針」の（2）（5）（6）で「訓読みの語」「よい国語」「俗語」と挙げている、改定の中心であったことばを拾い上げてみると約四五〇語にもなります。それらの語の表記の仕方にはいくつかのレベルや文字の種類の区別があります。

① 「むねやけ」、「くしやみ」、「こむらがえり」など　和語の1語だけを示すもの。

② 「はきけ、嘔気」、「かゆみ、痒」、「まばたき、瞬目」など　複数語を示し、その中で和語を先に、後に漢語を示すもの。

③ 「麻疹、はしか」、「消化、こなれ」、「盗汗、ねあせ」など、複数語を示し、その中で漢語を先に、後に和語を示すもの。

④ 「のぼせ（逆上）」、「あくび、（欠伸）」、「しやつくり、（吃逆）」など和語の後に（　）で漢語を示すもの。

⑤ 「眼瞼（まぶた）」、「鼠蹊（ももつけね）」、「大腿（もも）」など、漢語の後に（　）で和語を示すもの。

⑥ 「石綿症（イシワタ）」、「鳩胸（ハトムネ）」、「重湯（オモユ）」など、漢字語に和語のルビを振ったもの。

表1　一部二部の用語

| | ①原語 | ②『解剖学名彙』 | ③『一次選定』 | ④『医学用語』(片かなは読み) | ③→④継承 |
|---|---|---|---|---|---|
| 1 | Vertex | 巓頂 | 頂、頭頂（いただき） | 頭頂トウチョウ | ▽ |
| 2 | Supercilium | 眉 | 眉毛（まゆげ） | まゆげ、眉、マユゲ | ○ |
| 3 | Oculus | 眼球 | 眼（め） | 眼の、眼球の　メの　ガンキュウの | ▽ |
| 4 | Tempora | 顳顬 | 側頭（こめかみ） | 側頭の　ソクトウの | ▽ |
| 5 | Auricula | 耳 | 耳介、耳（みみ） | 耳　ミミ | ○ |
| 6 | Axilla | 腋窩 | 腋窩（わきのした） | 腋窩　エキカ | × |
| 7 | Inguen | 鼠蹊 | 鼠蹊（もものつけね） | 鼠径　鼠径部　ソケイブ | × |
| 8 | Clunes、Nates | 臀 | 臀（デン）（しり） | しり　殿部　シリ | ○ |
| 9 | Brachium | 上膊 | 上腕（にのうで） | にのうで　上腕　腕　ニノウデ | ○ |
| 10 | Antebrachium | 前膊 | 前腕（まへうで） | 前腕　ゼンワン | × |
| 11 | Vola manus | 掌 | 手掌（てのひら） | 手掌　シュショウ | × |
| 12 | Index | 示指（第二指） | 示指（ひとさしゆび） | 示指　ジシ | × |
| 13 | Sura | 腓腸 | 腓腹（ふくらはぎ） | ふくらはぎ、下腿後部、後下腿部、腓腹　フクラハギ | ○ |
| 14 | Calx | 跟 | 踵（かかと） | 踵、踵部　カカト | ○ |
| 15 | Planta pedis | 蹠 | 足底（あしのうら） | 足底　ソクテイ | ▽ |

①から⑤までは、和語と今までの漢語とどちらを優先しているかです。①は和語だけ示されていますので、いちばん和語を強調するもの。②③はどちらも認めるが、②は和語のほうを優先させ、③は漢語のほうを優先的に考えているもの。④⑤は、凡例で（ ）の語は「（ ）内の語も使ってもよい」とされていることから、④は和語を中心とするが、漢語も使ってもよいというもの。⑤は漢語を中心とするが、和語も使ってもよいとするものです。⑥は漢字語の読み方を和語で示して、和語のほうを中心としています。

こうして優先度に差をつけながら、いままでのことばを耳にわかりやすいものに改訂しようとした『一次選定』ですが、その実際の語をいくつかを拾い上げて、それ以前の辞書との違いと、現在の用語としてどのくらい受け継がれているかを調べてみます。以下表に示しますが、表では、左から原語、改訂以前の辞書、『一次選定』、戦後の医学用語辞典の順に並べます。表1は一部二部の用語、表2は三部の一般の用語です。

『一次選定』以前の語を知るものとしては、表1では鈴木文太郎『解剖学名彙』（1917）、表2では賀川哲夫『標準医語辞典：独・羅・英・仏・和』（1936）（以下『標準医語』）を参照にします。『一次選定』以後のものは、『日本医学会医学用語辞典web版』（2014）（以下『医学用語』）を参照します。

表1は一部の身体の部位の名称を15語拾い出し、体の上から下に記しています。

『一次選定』以前の辞書ではどの語も漢語だけを示しています。その中の難しい漢語を『一次選定』では、1．巓頂→頂、4．顳顬→側頭、9．上膊→上腕、10．前膊→前腕、15．蹠→足底と、それぞれやさしいものに代えています。1．は同じ意味でやさしい語に、4．は非常に難しい「顳顬」の字に困った医師たちが代わりに考え出した「側頭」に代えたもの[3]、9．10．15．は二・三でも述べましたが「膊」と「蹠」が難しいため、同じ意味のやさしい漢字に代えたものです。2．3．の2．眉→眉毛、3．眼球→眼への変更は、より日常語に近いものへの変更です。11．14．の、11．掌→手掌、14．跟→踵への変更は、明治初期以来併行して使われていた同義語のバリエーションの一つで、特に難度のレベルの違いはないものです。そして、これらの漢字語に（　）をつけた日常語の和語を示してわかりやすくし、その（　）内の和語を使ってもよいとしています。

　次に、こうして改定した『一次選定』のそれぞれの語の継承状況を、『医学用語』と比べてみます。『医学用語』は複数の語を出し、ヨミカタとしてその後の標準的読み方を示しています。

　まず、漢字についてです。どの語も漢字は示されていますが1．は元の「巓」が難しいので「頭」に変えられています。2．も「鼠蹊」の「蹊」がやさしい方の「径」に変えられています。「径＝こみち・みち」で「蹊＝みち・こみち」と同音同義語のやさしい漢字を使おうという意図です。さらに8．「臀部」は「殿部」と言う新しい漢語になっています。「殿」は「臀」とは意味も違いますが、常用漢字表にない「臀」の代わりに、同じ読み方で、「臀」と意味も少し似ているとして採用されるようになった漢字です[4]。

表2　三部の一般の用語

| | ①原語 | ⑤『標準医語』 | ③『一次選定』 | ④『医学用語』（片かなは読み） | ③→④継承 |
|---|---|---|---|---|---|
| 16 | Gähnen | 欠伸 | あくび（欠伸） | あくび　アクビ | ○ |
| 17 | Gurgeln | 含漱 | うがひ（含漱〔ガンソウ〕） | うがい、含漱<br>ウガイ | ○ |
| 18 | Frösteln | 悪寒 | 悪寒、さむけ | さむけ、悪寒<br>サムケ | ○ |
| 19 | Verbrennung | 火傷、燃焼 | 火傷、熱傷、やけど | 熱傷<br>ネッショウ | × |
| 20 | Heiserkeit | 嘶嗄 | 枯声（かれ声） | 嗄声　サセイ | × |
| 21 | Durst | 煩渇 | 渇、渇き | 口渇、渇き、渇望<br>コウカツ | ▽ |
| 22 | Niessen | 噴嚔 | くしやみ | くしゃみ<br>クシャミ | ○ |
| 23 | Decubitus | 褥瘡 | 褥瘡、とこずれ | 褥瘡、圧迫壊死<br>アッパクエシ | × |
| 24 | Husten | 咳嗽 | せき（咳嗽） | 咳、咳嗽<br>セキ | ○ |
| 25 | Nacht schweiss | 夜汗、寝汗 | 盗汗、ねあせ | 寝汗　ネアセ | ○ |
| 26 | Nausea | 悪心（オシン）、嘔気 | はきけ、嘔気 | はきけ、吐き気、悪心<br>ハキケ | ○ |
| 27 | Erosion | 糜爛 | 糜爛、ただれ | びらん、浸食<br>ビラン | × |
| 28 | Vertigo | 眩暈 | めまい | めまい、回転性眩暈<br>メマイ | ○ |
| 29 | Sodbrennen | 呑酸嘈囃、溜飲 | むねやけ | むねやけ　ムネヤケ | ○ |
| 30 | Abzehrung | 羸痩 | 痩せ | やせ、るいそう、低体重　テイタイジュウ | ▽ |

次は、語の読み方です。2．5．8．9．13．14．15．はそれぞれ、『一次選定』に従って和語の方を採用しています。その他の6．10．11．12．は従来どおりの音読みをしています。「まゆげ」「みみ」「しり」「にのうで」「ふくらはぎ」「かかと」の6語は『一次選定』を踏襲していました。4．の「側頭」は本来の「こめかみ」とは別の漢語なので和語の読み方を当てていないのだと思われます。なお、『医学用語』には「こめかみ」も「顳顬」も見当たりません。この難しい漢字は日本医学会編集の現行の医学用語辞典からは姿を消したのです。

「三部」の医学用語15語についても、表1と同じように『一次選定』以前の語と比べてみます。『一次選定』以前の語はすべて漢語で、「悪心」以外は読み方もわかりません。それらの語の中で、『一次選定』では21、22、は漢字をやさしいものに代えています。また、22、28、29、30は漢字語を出さず、和語だけにしています。さらに、18、19、21、23、25、26、27は従来の漢語に、和語を加えています。中でも、26、は和語を先に載せています。また、16、17、20、24、は（　）で、もうひとつの読み方を示していますが、20以外は和語が優先する扱いです。改訂の趣旨に即して和語の採用が行われたことがわかります。

次に、この改訂後の継承についてみてみます。19、23は、漢語だけを受け継いで『一次選定』で採用した和語は無視しています。ただし、27は漢語の読み方だけを引き継いで、難しい漢字表記の「糜爛」は否定しています。20は、より難しい漢語を選んでいます。16、22、29は『一次選定』の和語の部分だけを引き継いで、漢語は載せない方針を取っています。30は、和語の「痩せ」を踏襲した後で、「低体重」という新しい用語が加わっています。一度は継承したものの現在はさらにわかりやすいことばに代わっているということでしょう。2.の表をまとめると15語のうちでは、5語が『一次選定』の改訂を継承せず、9語が改訂を受け漢語と和語をどちらも同じ優先度とみていました。

表1と2を合わせると、和語の採用については、30語のうち15語が『一次選定』の改訂を受け入れ、5語は和語は取り入れないものの、漢字をやさしくしていました。体の部位の名称では和語の採用は消極的でした。漢語をやさしくする提案はほぼ受け入れられていますが、読み方を訓読みする・和語にするという改訂は踏襲されにくいようです。

## 十一・七　おわりに

『一次選定』で改訂された語には、和語の採用以外にも、「ジフテリア」「ガーゼ」「イレウス」などのカタカナ表記の採用、「頭蓋底（トウガイ）」「耳鳴（ジメイ）」のようなルビの使用、「ざくざく便」「シューシュー音」のようなオノマトペの採用、「渇きの感」「歯の手入れ」のような句の形式の採用など、斬新なものがたくさんありました。それらの中には、後の時代に受け入れられなかったものもありましたが、「羸瘦」「顳顬」のような難しい用語の言い換えは継承されて、さらに漢語の読み方はすべてルビで示されるようになっています。「渇きの感」のような句の形式は、「の」を伴うことで語の結合がわかりやすくなり、語の理解も早くなるので、望ましい造語法です。現在この語に相当する語としては、「口渇感」が採用されていますが、「口渇感」では耳で聞いてすぐにはわかりません。「渇きの感」が採用されなかったことが惜しまれます。

昭和初期の医師たちの用語改訂に対する情熱と、運動の進め方への知恵、斬新な造語法など、私たちが現在の介護の用語を見直すときに参考になることは非常に多く残されています。先人たちに学びながら新たな道を切り開いていきたいものです。

## 注記

注1　ヘボン式を主張する羅馬字会から、日本式を作った田中館愛橘らが分かれて結成したもの。

注2　大正九（1920）年に山下芳太郎が設立した「仮名文字協会」が大正一三（1924）年に改称した組織。漢字を廃止してカタカナを使用している国語の能率化を高めることを主張した。

注3　開業医の池田孝男が『国語の愛護』6号で、「「顳顬骨」という語は私ども交通傷害の患者を扱う者の度々診断書などに使う語ですが、いかにもむずかしい字だから、私は「側頭骨」と書いていました」と語っている（p.31）。

注4　『解剖学用語改訂13版』の「人体についての用語の注」に、以下のように記されている。

注1　殿は後部の意味で、本来は「シリ」の意味はない。（昭三三）で臀に代わって採用され、現在では医学用語として定着している。

# 第十二章　専門のことばをわかりやすくするための試み

今までの章で、介護の現場のことばには難しい漢語が多い、外国人スタッフだけでなく若い介護スタッフや介護利用者やその家族にとっても理解し学ぶのは大変だ、と言ってきましたが、大変だ大変だといっているだけでは事態はよくなりません。外国人とのコミュニケーションをできるだけスムーズにするにはどうしたらよいか、介護記録は今のままでいいかなど、ことばが難しくて困っている現場から、それぞれ独自に工夫し努力してよりよくしようという動きも生まれています。ここでは、大学の医学部の試みと介護現場の取りくみの実践例を紹介しながら改善の糸口を探っていきたいと思います。



## 十二・一　医療のことばをやさしくする試み

阪神淡路大震災のときにことばがわからなくて避難できなかったり、被災後の支援を受けられなかった外国人が多かったことから、日本語のよくできない外国人とのコミュニケーションをはかるために「やさしい日本語」を使おうという動きが出てきました。やがて、災害時だけではなく日常生活の中で共生する隣人である外国人との円滑なコミュニケーションも求められるようになって「やさしい日本語」がだんだん広まってきました。地方自治体の中には「やさしい日本語」で外国人に対する広報を行うところも増えてきています。その「やさしい日本語」を医療に生かそうという試みが始まっています。そのひとつ順天堂大学医学部の「やさしい日本語」の試みを取り上げながら、難しいことばを外国人にわかりやすく伝えるにはどうすればいいかを考えてみたいと思います。

順天堂大学医学部では、外国人の患者が病院に来たときの受付での応答、診察を受けるときのやりとり、薬の飲み方の説明を受ける場面などいろいろな場面の会話を動画にした教材を作っています。それぞれの動画の初めには、まず「『やさしい日本語』とは、相手に合わせて、分かりやすく伝える日本語を指します。日本語を母語としない方、高齢者、障がいのある方など様々な方に用いられます」と解説があり、「この動画では、最初に一般的な日本語で話し、続いて『やさしい日本語』で話していきます」と動画の内容の手順を説明しています。動画の途中でやさしくするためのコツも教えています。そのシリーズの中の「受付編」と「外来編」というのを見てみます。

十二・一・一　受付場面の「やさしい日本語」

**【受付編（総合案内）】https://www.youtube.com／watch?v=yb９fdYgxTWU**

〔初診患者への対応〕（Pt＝患者）

初めに受付係が一般の日本語で話します。①から⑥までの文です。このやり取りでは外国人の患者はほとんど話せません。ところが、「やさしい日本語」にした網かけ部分の会話になると、外国人患者もすこしずつ答えています。

①　いかがなさいましたか？　**Pt**　無言

↓今日はどうしましたか？　**Pt**　お腹が痛いです。

②　本日は受診を希望してお越しになられたんですね？　**Pt**　わずかに首を振る

↓病院の先生にみてほしいですか？　**Pt**　はい。

③　当院ははじめてですか？　**Pt**　わずかに首を振る

↓この病院ははじめてですか？　**Pt**　はい。

④　保険には加入なさっていますか？　**Pt**　無言

保険証をお持ちでないと、自主診療になりますが、よろしいですか。**Pt**　無言

↓（保険証を見せながら）これがありますか。これがないと値段が高くなります。大丈夫ですか？　**Pt**　これ、あります。

⑤　会計受付はあちらになりますので、診察が終わられましたら、診療カードをご提出してください。Pt　無言

↓会計はあっちです。その診察券を出してください。

⑥　車いすはお使いになりますか？　Pt　わずかに首をふる

↓車いすは使いますか？　Pt　（手を振りながら）大丈夫です。

次に、やさしくするコツとして、

・尊敬語・謙譲語は使わない
・漢語よりも和語を
・実物を示す

の3点を挙げています。このコツに沿って言い直した会話が網かけの部分です。「尊敬語・謙譲語は使わない」として、①「いかがなさいましたか↓どうしましたか」⑥「車いすはお使いになりますか↓車いすは使いますか」のように言い換え、②の「お越しになられた」の尊敬語は「先生にみてほしい」の中に取り込まれて消えています。⑤の「終わられましたら」も尊敬語ですが、この部分全体が消えています。結局尊敬語は全部消えて、敬語としては丁寧語のです・ますだけを使っています。

「漢語よりも和語を」の例としては、一般の会話の②の「本日」は使わないようにし、③「当院」

は「この病院」、②「受診を希望して」は「みてほしい」と和語に言い換えています。実物を示す例としては、「保険証」「診察券」をことばで説明する代わりに、「これ」と言いながら実物を示しています。「保険に加入する」「自主診療」などのことばは消えています。受付でのやり取りをやさしく言い換えるときには、この情報は特に必要ではないということになります。ふだん、難しいことばで話していても、案外あまり重要でないことを言っているのかもしれません。

この「受付編」の例文でちょっと困るのは、⑤「診療カードをご提出してください」です。一般の言い方の例ですが、「ご提出して」は「お／ご〜する」の形の謙譲語です。相手の行為を言うのですから、敬語だったら尊敬語の「ご提出になって／提出なさって」でないといけません。「提出してください」でいいものを、敬語を使わなくてはまずいと「ご」をつけてしまって誤用になりました。謙譲語は避けるのがコツだと言いながら、使ってしまって誤用になっています。こういう誤用を生んでしまうからやはり謙譲語はやめた方がいいのですね。

### 十二・一・二　外来の患者との「やさしい日本語」

次は「外来編」の動画を見てみます。【外来編（受付、医師の診察、処方薬の説明）】

https://www.youtube.com/watch?v=UPJIq9eFsQs&list=PLFwRLsRI_gpDgJMNrFlbkZJ13xU-DeWA8&index=10

〔外来受付〕

まず一般の日本語です。

① 問診表の記入をお願いします。記入出来たらこちらにお出しください。

② お名前で呼ばれますので掛けてお待ちください。

③ 初診のため、診察の順番は次ですが、一人ずつ診察に長く時間がかかるため待ち時間が長くかかります。診察までお待ちいただけますか。

この一般の日本語のときは、患者の外国人は何も返事をしません。返事ができないのです。次にやさしくするコツを教えながらやさしい日本語にかえていきます。言い換えのコツとして「『お』をつけない」が加わりました。少し順序はかわりますが、やさしい日本語に言い換えられます。

↓

① 少し待ってください。名前を呼びます。

② これを書いてください。終わったらここに出してください。

③ 今日は少し時間がかかります。長いですが、待ってください。ひとりの診察が長いです。

②の「お名前」は「名前」になり、①の「問診表」は実物で示し、その意味も説明しません。見ればわかるからです。漢語の①「記入」は「書いて」に言い換え、③「初診」③「順番」は文脈の中に埋め込まれています。③「診察」はそのまま使っています。病院へ行くときはこのぐらいの漢語は知っておいてほしいということでしょう。網かけの文を言われたときは患者はときどきうなずいてい

ます。一般の日本語のときは黙って立っていたのですが、「やさしい日本語」の会話の最後では患者は少し頭をさげて感謝の気持ちを表しています。

次は医師の診察の場面です。

〔医師の診察〕

① 本日はどうなさいましたか。 Pt 咳が出ます。

↓今日はどうしましたか。 Pt 咳が出ます。

② いつからですか。 Pt 2週間前からです。

↓いつからですか。 Pt 2週間前からです。

③ どのような咳でしょうか。喀痰は出ますか。 Pt 少し出ます。

↓どんな咳ですか。どれですか。（咳を2種類真似てみる） Pt 咳の真似をする。

↓痰は出ますか。 Pt 少し出ます。

④ 痰は何色ですか。 Pt 白いです。

↓何色ですか。色は？ Pt 白いです。

⑤ ほかに何か症状はおありでしょうか。 Pt はじめにのどが痛かった。

↓ほかになにかありますか？ Pt はじめにのどが痛かった。

⑥ 以前にもそのようなことがありましたでしょうか。 Pt はい、いつもそうです。
↓前も同じことがありましたか? Pt はい、いつもそうです。風邪をひくと咳がひどいです。

今回は特にひどいです。

⑦ お熱はありましたか? Pt ありません。
↓熱はありましたか? Pt ありません。

⑧ 喘息の既往はありますか? Pt わかりません。
↓喘息はありますか?（訳語のタブレットをみせる） Pt 子供のころにあります。

⑨ ほかに定期的に治療を受けたり、入院や手術をしたことはありますか。 Pt ありません。
↓今病院に行っていますか。入院したことはありますか?手術をしたことはありますか。（タブレットを見せる） Pt ありません。

⑩ 今使用している市販薬は何かありますか。 Pt いいえ。
↓今何か薬を飲んでいますか。 Pt ありません。風邪薬を飲みました。もうやめました。

⑪ お薬にアレルギーはありますか? Pt ありません。
↓薬のアレルギーはありますか? Pt ありません。

⑫ ご家族で持病のある方はいますか。 Pt わかりません。
↓家族で病気の人はいますか。誰か病気ですか。 Pt 弟と妹も喘息です。

⑬ 喫煙、飲酒はなさいますか？　Pt　いいえ、あのう。
↓タバコは吸いますか。ビールや酒は飲みますか？　Pt　吸いません。のみません。

⑭ 診察させてください。
↓みせてください。

⑮ 喘息のような音がしていますね。
↓たぶん喘息ですね。息が出にくい音がします。

⑯ 鎮咳薬を1種類と吸入薬で治療したいと思います。1日に2回定時で使用する吸入薬と、咳がひどいときに頓用で用いる吸入薬の2種類を出しておきますので薬局で使い方を説明してもらってください。
↓咳を止める薬を3種類出します。薬局に行きます。使い方を聞いてください。

⑰ 刺激になりますのでタバコの煙は避けるようにしてください。
↓たばこの煙はよくないです。近くに行かないでください。

⑱ 1週間後に予約を取っておきますので再受診してください。
↓1週間後にまた来てください。予約をとります。

⑲ もし、かえって咳がひどくなったり、発熱が見られるようなときには予約がなくてもよいのですぐに外来受診してください。

↓咳がひどいとき、熱が出るときはすぐ来てください。そのときは予約がなくても大丈夫です。外来に来てください。午前中の受付は11時までになります。午後は3時までです。

このシリーズには検査編、病棟編などもありますが、やはり医師とのやりとりがクライマックスになるでしょう。ここでのコミュニケーションが成り立たなかったら生命にかかわりますから、一番大事な場面だといえます。さすがに医師は「一般の日本語」の中でたくさんの専門語を使っています。動画の中で外国人が医師の問いに、「わかりません」と言ったり口ごもったりしていたのは「既往・持病・喫煙・飲酒」のことばのときでした。「既往」「持病」など専門的なことばや喫煙・飲酒のような硬い漢語はわからないのです。この「わかりません」は質問の意味がわからないのか、質問の答えがわからないのかわかりません。こう言われたら医師はもう一度別の問いかけをして、どちらがわからないのか確認をしておく必要があるでしょう。

この場面では「やさしい日本語」のコツとして「一文を短く」と「言い換える」が加わりました。いままでのコツと合わせながら「やさしい日本語」への言い換えを見ていきましょう。

この場面で使われていた漢語は「本日・喀痰・痰・症状・以前・喘息・既往・定期的・治療・入院・手術・使用・市販薬・家族・持病・喫煙・飲酒・診察・鎮咳薬・種類・吸入薬・定時・頓用・薬局・説明・刺激・予約・再受診・1週間後・発熱・外来受診」の31語です。

「漢語よりも和語を」のコツに沿って「やさしい日本語」に言い換えた文の中の漢語は「熱・喘

息・病院・入院・手術・家族・病気・種類・薬局・1週間後・予約・外来・午前中・午後・大丈夫」と15語あります。半分に減りました。ここで使われている漢語の中で医療関係の専門用語は「熱・喘息・薬局」です。そのほかは、「午前中」とか「大丈夫」とか、患者もそのくらいの日常語は知っている人だろうとの想定で使われています。

ここで、それぞれのことばの言い換えを見ていきましょう。

①本日↓きょう、⑤症状↓なにかある、⑥以前↓前、⑧既往↓あります、⑨治療を受ける↓病院に行く、⑩使用している↓飲んでいる、⑫持病のある方↓病気の人、⑬喫煙↓タバコを吸う、⑬飲酒↓酒を飲む、⑭診察する↓みる、⑯鎮咳薬↓咳を止める薬、⑯説明してもらってください↓聞いてください、⑰刺激になる↓よくない、⑱再受診してください↓また来てください、⑲発熱↓熱が出る、

ここでは、「飲酒↓酒を飲む」「発熱↓熱が出る」のような漢語をそのまま和語にするという言い換えだけでなく、「治療を受ける↓病院に行く」「刺激になる↓よくない」など、文の内容をつかんでその内容をわかりやすく言い換えています。言い換えた語句の中の医療関係の専門用語は「症状・既往・持病・診察・治療・鎮咳薬・再受診・外来受診・発熱」です。専門用語でもかなりのことばは言い換えが効くことがわかります。

この動画で少し気になるのは、

③ 喀痰は出ますか。 Pt 少し出ます。

⑩ 今使用している市販薬は何かありますか。 Pt いいえ。

のやりとりです。ここでは患者はことばで答えていますので「喀痰・市販薬」の専門用語は理解できているということになっています。ですが、このような専門用語には翻訳などほかの手当ても必要ではないでしょうか。もうひとつ⑧「喘息の既往はありますか?」と、⑯の「鎮咳薬」です。これらは「一般の日本語」といえるでしょうか。医療関係者の中だけで通じる業界語ではないでしょうか。外国人にわからないだけではなく日本人にも「聞いてわからない」ことばです。専門語の練習のために取り入れられたことばということでしょうか。

いくつか問題はありましたが、大学の医学部としてこういう教材を作って普及しようとしていることは大変いいことだと思います。どこの病院でも、こういう「やさしい日本語」で対応するようになったら、外国人の患者も安心して日本で暮らせることになりますね。

## 十二・二 介護現場での介護用語の見直し

介護現場の取り組みとしては、千葉県八街市の特養の例を紹介します。

二〇一七年日本語教育学会春季大会のパネルディスカッションで「生活クラブ風の村特養ホーム八

街」の施設長村井香織さんから報告されたものを以下にまとめてみました。

十二・二・一　法人としての行動基準

介護現場で専門用語をたくさん知り、日常的に使用する介護職員が優秀とされる時代もかつてはあったが、現在ではそうではなくなっている。介護記録は誰にも理解できるものでなければならない。希望される家族には、日々の記録のコピーも渡している。内容は家族にすぐにわかることばで記入されていなければならない。当施設では、専門用語を一般語に置き換えて記録する方法を、スーパーバイズを受けているUビジョン研究所と連携して模索してきた。

例えば、看取り期に入る入居者家族に、「今度、医師からのムンテラがあります。いつ、お越し頂けますか?」と伝えるのでなく「医師から病状の説明をして、今後のことを確認したいので…」と伝える方が親切である。自分たちのことばイコール家族が理解できることばではないことを前提に、言い換えられるものは、わかりやすいことばで記録するように努めている。

当法人の行動基準小冊子の中に「言葉遣いの項目」というものがある。

① 職員同士であってもお互いに敬意を持って話します。

② 誰が聞いても不快にならない言葉遣いを心掛けます。

③ 親しみの気持ちが馴れ馴れしさとならないよう、節度を持った言葉遣いで対応します。

④　ご利用者への言葉遣いは丁寧語を基本とします。

コミュニケーションを図るときに、上記の対応を基本としている。ことばは基本的にていねい語を使うが、関係性が親しくなったときは少し、敬語をくずすことはわるいことではない。ただ、馴れ馴れしさと親しさは違うので、節度をもって使うことが大切である。

職員が互いに確認する点においても、統一した指針は必要である。専門用語の使い方、特に記録の書き方については以下の見解がある。

社会福祉法人としても責務を果たすためにコンプライアンスを守っているという事実確認ができる記録を書く。例として、家族の面会というのは、病院などで使うことばで、特養ホームは自宅に近い生活の場なので、「来訪」や「訪ねてきた」ということばが適切である。

また、専門用語は、介護に携わる職員として理解しにくい医療用語も含まれて複雑化している。特養ホームでは新卒で入る正規職員全てが、福祉系の学校を卒業しているわけではない。新人職員にとっても、専門用語の立ちはだかる壁は大きく、いくつか不適切なことばについては言い換えを行うよう指示している。

### 十二・二・二　不適切なことばの言い換え

村井さんは、職場でのことばづかい、ここでは記録のことばについて指導を受けているU研究所との協議で具体的になったいくつかのことばについて報告されました。ここで、その報告の中のことばの言い換えの具体例を枠の中で示しながら、少し他の例を加えたりして考えてみたいと思います。まず「面会」か「訪問」かです。

面会→病院などで使うことば。→特養ホームは自宅に近い生活の場だから「来訪」「訪ねてきた」など。

病気という特別の事情で入院している病人のところに行くのが「面会」です。介護施設は利用者の毎日の生活の場で、その生活の場面に訪ねていくのだから、「面会」はおかしいという気づきから、「訪問」とか「訪ねてきた」と書くというのです。中で生活する利用者の側に立って考えたことばのありようと言えましょう。

「眠る」「入眠」「臥床」→「休まれていた」。臥床は専門用語。専門語はできるだけ使わない。

介護記録を読むと、「11時巡回したとき入眠されていた」のような例に出会うことがあります。「入眠」は本来は「眠りに入る」ことで「眠っている」こととは違います。だから眠っていたことを言うのには使えないはずです。それで「入眠」はやめようということでしょう。「臥床」は、第九章で詳しく見てきましたが、「臥床」の「臥」の字は常用漢字表以外の字ですし、やはりとてもむずかしいことばです。明治時代は多くは「ベッド」の意味で使われていましたが、今は「臥床する」という動詞の形で「横になる」「休む」「寝る」の意味で多く使われています。「休む」などすぐわかることばがあるのですから、村井さんの施設「風の村八街」のように、ほかにも「臥床」を使わない施設が出てきてほしいと思います。

## 巡視・夜間巡視→巡回または見回り

辞書にも、

【巡視】警戒や監督のために見回ること。「沿岸［校内］を―する」「―船」（『明鏡』第三版）

【巡回】②一定区間内を次々に見て回ること。「警備員が構内を―する」（同右）

と記されているように、「巡視」の方がものものしい感じです。寝静まった施設の中を、見て回るのはやはり「巡回」でしょう。でも、それよりも「見回り」の方がふさわしいでしょう。

拒否・拒否強い↓嫌がった・とても嫌がっていた

ある施設の介護記録で「入浴拒否」とか「口をかたくなに閉ざし、やや拒否の方見られます」という記述を見たことがあります。新聞などで見る「拒否」は「任命拒否」「入国拒否」「徴兵拒否」のように、強い意思で決断したうえでNOというときに使う、強く厳しいことばです。介護の利用者がお風呂に入りたくないとか食べたくないという意思を表したとしても、それを「拒否」というのはそぐわないから「嫌がった」とすると言うのです。「拒否」というと、介護する側とされる側の関係もより冷たく厳しいものに思われるのではないでしょうか。

息子の「●」さん　名前がわかるなら、名前を書いた方がわかりやすい。↓「様」をつけない。
息子の○○さん

家族の来訪について記録するときの書き方です。「息子様来訪。」などと書かないで「息子の太郎さんが来た。」のように書く方がいいということです。「様」を「さん」にしようという施設の考え方も、日常生活を大事にするところからきているのでしょう。

眠っているも…着替えをお誘いするも…↓・「も」の使い方は間違いではないが、もう少し検討する。↓着替えをお誘い：着替えをしましょうかと声をかける

この「も」は他の施設の記録でも「お伝えするも納得されず」「お声をかけるも目を覚まされず」のように使われているのを見かけましたが、介護記録文スタイルとでもいうのでしょうか。突然古いことばが出てきて驚かされます。文法でいえば逆説の接続助詞です。現代語なら「が、けれども」に相当します。辞書にも古風な言い方と記されています。確かに間違いではないのですが、そこだけ古風な言い方になって、文章としてのバランスが欠けてしまいます。「着替えをお誘いしたが、いやだと言われた」のように書いた方がすっきり伝わるのではないでしょうか。

開眼する・閉眼する・覚醒する↓日常語ではない、専門用語としても適切ではない、↓「目を覚ましていた」「起きていた」「休んでいた」「眠っていた」

「23時訪室したところ、開眼（かいがん）されておりまして」「6時頃に覚醒されていたため、ベット上でお茶を…」と、ある介護記録には書かれています。「開眼」とは、

【開眼】目が見えるようになること。また、見えるようにすること。「患者が／を―する」「―手

術」（『明鏡』第三版）

ということで、ただ眼を開けていることではないのです。「覚醒」も、

【覚醒】：目を覚ますこと。「昏睡状態から――する」（同右）

と記されていますが、普通、朝、目を覚ますのではなく、昏睡状態とか麻酔とかで意識がなくなっていた状態から意識が戻ってきたときに使います。明治時代の教科書にも「嗅薬を以て醒覚せしめ（＝嗅ぎ薬を使って目をさまさせ）」という例がありました。ただ目が覚めるのではないのですね。「覚醒」といえば、明治の教科書を漁っていたとき「醒覚」という熟語がよく出てきて驚きました。「覚醒」よりももっと頻繁に出てきました。そして「覚醒」と全く同じように使われているのです。明治時代には「覚醒」のことを「醒覚」とも言っていたのです。

脱線してしまいました。要するに老人施設「風の村八街」では、「朝6時に覚醒されている」は使い方が適切ではないからやめると言っているのです。

| 訴えあり↓「訴え」は強い要求を表す。訴訟などで使う。↓話した、繰り返し言った |
|---|

たしかに介護記録や申し送りに「訴えあり」はよくみられます。「クロワッサンが食べたいと訴える」「足の痛みを訴えあるため」のようなのが見つかりました。それほど強い要求ではなさそうです。

本来は「裁判所に訴える」「無罪を訴える」のような訴訟のことばですし、「重要性を訴える」「各党の訴えは」のような強い内容のことを表現することばです。介護の利用者が「足が痛いからちょっとみてくれない？」とか「クロワッサンをしばらく食べていないから食べたい」というような言い分は、お願いのようなものでしょう。「訴え」と言うと、大きな問題が起こってその解決を求めているように聞こえて、介護する人も身構えてしまいそうです。大げさな表現ですから、「風の村八街」ではやめると言っているのです。

| 便汚染↓汚染ということばは、水汚染、環境汚染、海汚染、放射能汚染など不特定多数の人間の健康や環境に被害を与える影響をもつ場合に使われる。↓「汚れていたため着替えた・取り換えた」など |
| --- |

これは第九章で繰り返しのべてきたことです。同じような考え方をしている老人ホームがあると知って意を強くしたところです。「汚染」という語の現在の意味と使い方から考えて、便で汚れたのような場面で「汚染」のようなことば使わないようにすると言っているのです。

## 終末→終末は医療関係者の用語　現在は「看取り」に統一した。

医療の場面で使う「終末」をやめて「看取り」に統一するというものです。終末を判定することは医師ですので、病気の人の最期に近い時期から最期までは医療では「終末」です。でも介護は「人が生を全うするのを見守りながら看取る」のですから、あえて、「終末」の語を避けるというのでしょう。一般に介護は医師や看護より低くみられていますが、この、人の最期をみとるのは介護の専門の仕事です。医療にはできないことを介護がしているのです。誰にも誇れる介護の仕事です。「看取り」は、まさに、介護のプライドを示すことばともいえましょう。

介護のことばにもいろいろな問題があります。ただ難しいというだけではありません。そのことばによって、人の尊厳を傷つけないこと、利用者とのよい関係性を表すものであるはずのことなど、漫然と、昔から使われているから使うというのではなく、そのことば変じゃない?そう言ったら言われた人は嫌な気持ちかも?と疑ってみた結果の見直しだったのでしょう。現場からの報告は大変貴重なものでした。

こうした試みをしている施設があると知ることはたいへん励まされます。きっとほかにもこういう施設はあるはずです。そうした実践例をより多くの人々に広めることもさしあたって必要なことではないでしょうか。

# 〔参考文献〕

アードルフ・オアンシュ（1893）『解剖学　講本』松崎留吉
足立寛（1889）『日本赤十字社篤志看護婦会看護法教程』日本赤十字社
足立寛（1896）『日本赤十字社看護学教程』日本赤十字社
足立寛（1875）『掌中医宝巻之一』仁丹静学舎
安藤義松（1889）『看病学』後藤良太郎
井口乗海（1923）『看護学教科書　下』東京看護婦学校
石黒忠悳（1875）『外科説約』島村利助発行
糸左近（1911）『家庭医学』金刺芳流堂
今田東訳（1887）『賢列氏解剖学』島村利助
今野真二（2009）『振仮名の歴史』集英社新書
ウヰリアム・アンデルソン（1879）『看病要法』海軍医務局
エドムンド・レッセル（1888）『列氏皮膚病学』英蘭堂
遠藤織枝・三枝令子（2015）『やさしく言いかえよう介護のことば』三省堂
遠藤織枝他（2017）「介護現場のコミュニケーションを円滑にするために」『日本語教育学会春季大会予稿集』

遠藤織枝（2020）「介護用語の平易化のために─医学会の用語整理統一運動から学ぶこと─」『日本語教育学会春季大会予稿集』pp.195–200.
遠藤織枝（2021）「昭和初期の医学用語改訂の実践─国語改革運動の一環として」『早稲田大学日本語学会設立60周年記念論文集　第1冊─言葉のしくみ』ひつじ書房 pp.167–183.
大木省吾（1903）『衛生顧問：家庭宝典』萩原新陽館
大関和（1899）『看護婦派出心得』吐鳳堂
大関和（1908）『実地看護法』東京看護婦会
大槻修二撰（1876）『暗射肢体　指南図』石川治兵衛
大友豊（1926）『家庭按摩読本』広文堂書店
大八木幸子（1906）『実用家庭看護法』目黒書店
岡垣松太郎（1914）『最新看護学』丸善
岡島敬治（1933）『解剖学、第一』吐鳳堂
岡部清之助（1899）『家庭衛生新書』岡部清之助
越智キヨ（1919）『家庭看護法』六盟館
金沢潔（1934）「国語愛護同盟の成立」『学士会月報』557号学士会：pp.79–72.
川上政八1892『通俗看病学』南江堂
キュルムス他（1774）『解体新書』序図1巻［2］須原屋市兵衛発行
拘刺児倔　編（1873）『外科拾要巻八』和泉屋市兵衛
国語愛護同盟（1934a）『国語の愛護』1号：国語愛護同盟

国語愛護同盟（1934b）『国語の愛護』3号：国語愛護同盟
国語愛護同盟（1935）『国語の愛護』6号：国語愛護同盟
国分操子（1911）『家庭日用婦女宝鑑』大倉書店
国立国語研究所「病院の言葉」委員会編著（2009）『病院の言葉を分かりやすく―工夫の提案―』勁草書房
佐伯美一・高木与八郎・小泉栄次郎編（1897）『売薬製剤備考』英蘭堂
佐伯理一郎訳補（1895）『普通看病学』吐鳳堂
坂口勇（1912）『袖珍皮膚科学』朝陽堂書店
佐藤運雄著（1905）『充填学』歯科学報社
佐野幹（1940）『解剖学粋 上』南山堂
澤井直・坂井建雄（2010）「昭和初期解剖学用語の改良と国語運動」『日本医史学雑誌』1号：pp.39–52.
澤井直（2012）「医学教育における医学用語―用語の浸透と統一を中心に―」坂井建雄編『日本医学教育史』東北大学出版会 pp.323–344.
山東功（2015）「近代国民国家の形成と戦前の言語計画」『歴史社会言語学入門―社会から読み解くことばの移り変わり』高田博行他編著 大修館書店 pp.159–176.
慈恵看護教育百年史編集委員会編（1984）『慈恵看護教育百年史』東京慈恵会
清水耕一他（1908）『新撰看護学』南江堂
下瀬謙太郎（1936）「医学の言葉」『教育』岩波書店4（8）：pp.57–64.
下瀬謙太郎（1937）「医学用語統一に関する諸問題」『日本医事新報』771号 日本医事新報社
下瀬謙太郎（1938）「用語問題から見て日本医学会に対する回顧と希望」『週刊医界展望』170号 医界展望社

下平文柳（1899）『看病法修業用　人体の解剖及生理』吐鳳堂
薩美斯・尼児編（1870）『解体説約』篠田毅発行
関東八（1908）『素人看護法新書』井上一書堂
第十一回日本医学会医学用語整理委員会（1944）『医学用語集　第一次選定』南山堂
大日本女学会編（1904）『婦人宝典第二巻』郁文社
高橋金一郎（1893）『女学全書第十二編　通俗看病法　全』博文館
高木嶋吉（1926）『自然療法指導書、第三』体験療養社
田口和美（1881）『解剖攬要巻之三』英蘭堂
竹内正信編（1873）『外科摘要巻之二』須原屋伊八
田代義徳（1893）『外科手術篇』半田屋書店
辰井文隆（1927）『解剖学講義：図解鍼灸医学』辰井高等鍼灸学院出版部
田中耕造訳（1876）『牙氏初学須知』文部省
田中武助（1925）『近世看護学教科書　上巻』東京産婆看護婦学校
田中武助（1925）『近世看護学教科書　下巻』東京産婆看護婦学校
築田多吉（1925）『家庭に於ける実際的看護の秘訣』築田つね
著者不明（1926）『自然療法指導書第三』体験療養社
出口林次郎（1925）『フィンランド式スポート・マッサージ』督文堂
東京大学医学部編（1877）『医科全書　解剖編四』島村利助
東京慈恵医院（1887頃）『看護学　上・下』私家版

冨永勇・川村舜治（1904）『袖珍看護宝函』南江堂
中定勝訳（1872）『布列私解剖図譜』松田正助出版
中神清（1935）『警察実務提要』井上一二三館
名越義信（1917）『簡明看護学』東京産婆看護婦養成所
奈良坂源一郎（1883–84）『解剖大全』名古屋新聞社
西成甫（1934）「用語統一論者は語る　耳を標準の改正」『日本医事新報』599号　日本医事新報社
萩原貞『救急法』（1890）萩原貞出版
原田隆（1926）『家庭医学講話』第三編　博文館
平尾真智子・坪井良子（2015）「日本の看護教育開始時における指導書『ハンドブック・オブ・ナーシング』—東京慈恵医院看護婦教育所の教育の実証から—」『日本看護歴史学会誌』28　pp.98–114. 日本看護歴史学会
平野鐙（1896）『看病の心得』博文館
フォン・ワルデルゼー11（1878）『孛国陸軍歩兵教典、前編』週一学社蔵版
福田宇中（1876）『人体図解問答』（知白堂10ウ）
二村領次郎（1916）『解剖学袖携』金原商店
文化研究会編（1923）『家庭に於ける諸病看護法』文化研究会
併斯（1880）『実験解剖学上』高木玄真
ヘース・エグニュー他（1874）『解剖必携巻之一～六』宝文堂
松村矩明訳（1872）『虞列伊氏解剖訓蒙図　乾・坤』浅井吉兵衛出版
安井洋（1940）「先決問題は言葉の整理」『日本医事新報』941号　日本医事新報社

安田敏朗（2007）『国語審議会』講談社現代新書
安田敏朗（2018）「第7章『ことのはのくすし』は何を見ていたのか―陸軍軍医監・下瀬謙太郎をめぐって」『近代言語史氏再考V　ことばのとらえ方をめぐって』pp.307–390. 三元社
横井信之訳（1873）『解剖訓蒙』浅井吉兵衛
吉川龍子（1985）「『日本赤十字社看護学教程』」坪井良子編『近代日本看護名著集成第2期13巻　看護学教科書』pp.53–58. 大空社
吉木竹次郎（1887）『手話法：新発明』吉木竹次郎
陸軍軍医学校編（1936）『陸軍軍医学校五十年史』陸軍軍医学校出版
路次徳次郎（1903）『産牛新論』集成堂

〔参照国語辞典等〕

『いろは辞典：漢英対照』長尾景弼（1888）
『岩波国語辞典』初版～第八版　岩波書店
『学語篇』瀬尾源兵衛（1772）（古典研究会編輯1976『唐話辞書類集16集』汲古書院）
『学研漢和大字典』学習研究社（1988）
『漢和大字典一一版』三省堂編輯所編　三省堂（1909）
『漢和大辞林』郁文舎編輯所編　郁文舎（1906）
『言海』大槻文彦（1889）（ちくま学芸文庫　2004）
『広辞苑』初版～第七版　岩波書店

『広辞苑第七版附録　漢字小辞典』（岩波書店　2018）
『ことばの泉：日本大辞典』落合直文　大倉書店（1898）
『三省堂現代新国語辞典第六版』三省堂（2019）
『三省堂国語辞典』初版～第八版　三省堂
『熟語集成　漢和大辞典』古川喜久郎編　駸々堂出版部（1922）
『新選国語辞典　第9版』小学館（2011）
『新訂大言海』大槻文彦　冨山房（1956）
『新編漢語辞林』山田美妙　青木嵩山堂（1904）
『新明解国語辞典』初版～第八版　三省堂
『大字典』上田万年等編啓成社（1917）
『大辞典　上・下』（1935）（復刻版1974）平凡社
『大辞林　第2版』三省堂（1995）
『大全早引節用集』柏原屋与左衛門（1827）
『大増訂日本大辞典ことばのいづみ補遺』落合直文　大倉書店（1898）
『大日本国語辞典』上田万年・松井簡治　冨山房（1915～1918）
『大漢和辞典』服部宇之吉編　春秋書店（1925）
『日本国語大辞典』初版・第二版　小学館（1972-2002）
『日本類語大辞典』志田義秀・佐伯常麿編（1909）
『明解国語辞典（改訂版）』三省堂（1952）

『明解国語辞典』（1943）（復刻版1997年）三省堂
『明解国語辞典』三省堂（1943）
『明鏡国語辞典』初版～第三版　大修館書店
『明治漢語字典』岡野英太郎　松柏堂（1896）
『名物六帖』伊藤東涯四書房梓（1725）（天理図書館複製第58号1979「名物六帖」朋友書店）
『蘭例節用集』広川瑶池斎編　広川瑶池斎発行（1815）
『和英語林集成　第3版』J・Cヘボン（1886）（講談社学術文庫1989）
『和漢雅俗　いろは辞典』高橋五郎編（1887）いろは辞典発行部

〔参照医療用語辞典等〕
『医語類聚』奥山虎章　名山閣（1873）
『医語新字典：独羅和訳』興津磐・大島欅　吐鳳堂（1905）
『介護福祉士基本用語辞典』エディポック（2007）
『解剖学名彙』鈴木文太郎　丸善株式会社（1917）
『解剖学用語』日本解剖学会撰　丸善株式会社（1945）
『解剖学用語改訂13版』解剖学用語委員会　医学書院（2007）
『解剖辞書』金武良哲　崎陽新塾（1875）
『独和医学字典　解剖生理学語部』奥山乕章編　牧野吉兵衛（1881）
『学術用語集　医学編』文部科学省　日本医学会　丸善株式会社（2007）

『看護大事典2版』（医学書院）（2010）

『看護日誌摘要字引』山上歌子編　至誠館（1907）

『看護婦用語辞林：いろは索引』奥田鶴代子　文光堂書店（1917）

『最新産婆看護婦講習録　産婆科第二巻』「産婆看護婦用字引」pp.22-44. 松村卓治著、日本産婆看護婦養成所発行

『産婆看護学熟語字典』中辻丹治　産育新聞社（1932）

『産婆看護婦用語辞典』長尾肱斎校閲増補・長尾哲編纂　杏誠堂書籍部　克誠堂書店（1915）

『実用介護事典』講談社（2013）

『新医学大字典』宮本叔　恩田重信編　金原医籍（1902）

『袖珍医語字林：独羅和訳』医事新誌局編　医事新誌局（1903）

『独逸医学辞典』新宮涼園等編　英蘭社（1886）

『日独羅医語新字典』大島櫟　吐鳳堂（1906）

『日本医学会医学用語辞典web版』日本医学会（2014）https://jams.med.or.jp/dic/maic.html

『標準医語辞典：独・羅・英・仏・和』賀川哲夫編　南山堂（1936）

『臨床医学字典』山田弘倫　南山堂（1903）

『臨床看護婦宝典』医学通信社編　医学通信社（1914）

『和羅独英新医学辞典』加藤辰三郎等編　南江堂（1910）

『介護福祉士養成テキスト全17巻』建帛社（2009）

『介護福祉士養成テキストブック全13巻』ミネルヴァ書房（2009～2013）

『新・介護福祉士養成講座全15巻』中央法規出版（2009）

『五か国語でわかる介護用語集』ミネルヴァ書房（2019）
国立国語研究所『日本語歴史コーパス』http://chunagon.ninjal.ac.jp/chj/search

# あとがき

私にとっては介護も看護も全く専門外の分野です。そうした分野のことばについて、古い教科書を少し見たぐらいの知見でものを言っていいのかと最後までためらっています。しかしながら、目の前にいる、外国から助っ人として介護の場で働いているみなさんの日本語習得の負担が軽くなってほしい、その願いは、門外漢の出しゃばりを躊躇するよりももっと強いものがあります。介護や医療の専門の方々はもとより、介護施設を運営する方々、行政の方々、そして、利用者やその家族を含む一般の方々にも、介護のことばの難しさの実体を知っていただきたくて、この本の刊行を決意しました。

国際医療福祉大学医学教育総括センター教授の矢野晴美先生には、ご専門の新型コロナ感染症まん延の初期のころでたいへんお忙しい時期でしたが、初期の草稿を読んでいただきました。先生は、医学教育上もことばの問題は大切と、励ましてくださいました。専門外のことばに向かう不安と逡巡の繰り返しでしたが、先生の後押しを得て、どうにか書き上げることができましたことを、心から感謝いたします。

紙の書籍の刊行が厳しい昨今ですが、その願いを快く聞き入れてくださり、このような立派な本に仕立て上げてくださいましたひつじ書房社長の松本功様には厚くお礼を申し上げたいと思います。また、ルビの有無やルビの文字表記の違いなど極めて細かな部分まで大変丁寧にチェックしてくださいました編集部の皆さまに心からお礼を申し上げます。原稿の段階で目を通してコメントしてくださった鈴木和枝さん、本当にありがとうございました。

介護に従事する方々の日本語の壁が少しでも低くなることを心から願って、長いことつき合ってくれたパソコンをしばらくの間休止させることにします。

ようやく訪れた春らんまんにひたりながら

遠藤織枝

付　記

第一章は、三省堂のブログ「ことばのカタログ」

https://dictionary.sanseido-publ.co.jp/column/corona_teyubi_shushi20210108

に掲載したものを基に書き直しました。

第十一章は、「介護用語の平易化のために―医学会の用語整理・統一運動から学ぶこと―」〔2020年度日本語教育学会春季大会【予稿集】pp.195–200.を基に書き直したものです。

た



ち



て



と

## か

# 索　引

【著者紹介】

**遠藤織枝**（えんどう おりえ）

元文教大学大学院教授　お茶の水女子大学大学院修士課程修了　人文科学博士（お茶の水女子大学、2003年）　研究分野　日本語教育学・社会言語学

〈主な著書〉『気になる言葉―日本語再検討』（南雲堂 1987）、『女のことばの文化史』（学陽書房 1997）、『中国女文字研究』（明治書院 2002）、『昭和が生んだ日本語―戦前戦中の庶民のことば』（大修館書店 2012）、『今どきの日本語―変わることば・変わらないことば』（編著　ひつじ書房 2018）、『やさしく言いかえよう　介護のことば』（共編著　三省堂 2015）、『利用者の思いにこたえる　介護のことばづかい』（共著　大修館書店 2019）

# やさしい日本語の時代に、やさしい介護のことばを

Easy Words for Caregiving in the Age of Easy Japanese

Endo Orie

| | |
|---|---|
| 発行 | 2024年5月21日　初版1刷 |
| 定価 | 2600円＋税 |
| 著者 | © 遠藤織枝 |
| 発行者 | 松本功 |
| 装丁者 | 三好誠（ジャンボスペシャル） |
| 印刷・製本所 | 亜細亜印刷株式会社 |
| 発行所 | 株式会社 ひつじ書房 |
| | 〒112-0011 東京都文京区千石 2-1-2 大和ビル 2F |
| | Tel.03-5319-4916 Fax.03-5319-4917 |
| | 郵便振替 00120-8-142852 |
| | toiawase@hituzi.co.jp　https://www.hituzi.co.jp/ |

ISBN978-4-8234-1213-4

## ひつじ書房　刊行物のご案内

ひつじ書房　刊行物のご案内

## 開国前夜、日欧をつないだのは漢字だった
### 東西交流と日本語との出会い

小川誉子美著　定価2,700円+税

辞書も教科書もない時代に日本語を学んだ西洋人と西洋語を学んだ日本人には、ある共通点があった。彼らは書き言葉としての中国語を用いていた。ペリー一行もヨーロッパの日本語学者もまた福沢諭吉の英学への取り組みも、漢文に支えられていた。日本と西洋が出会った歴史的場面で、未知の言語を話す相手を前に双方がどのようにサブチャンネルを活用したのか、本書は知られざる日欧の交流史を言語に焦点をあてて紹介する。